嬰幼兒特殊教育

柯平順

作者簡介

柯平順

臺灣省彰化縣人，民國三十二年生

學歷	國立臺灣師範大學教育研究所碩士班肄業
	美國北科羅拉多州立大學特殊教育學系碩士、博士
經歷	國民小學教師（含啟智班教師）二十年
	臺北市立師範學院特殊教育學系教授
	臺北市立體育學院教授
現任	長庚大學早期療育研究所教授

序言

　　嬰幼兒特殊教育之於特殊教育的關係就如嬰幼兒教育之於教育的關係，它是基層、基礎，與特殊教育有著密切關係與嚴重影響。推展特殊教育，若忽略嬰幼兒特殊教育這一環節，不僅是一遺憾，更令人有種沒有根的感覺。國內推展特殊教育多年，也設立些嬰幼兒特殊教育班級，祇是數量不多，又沒有專人專責處理，嬰幼兒特殊教育可說並未受到該有的重視。

　　自從各師範專科學校改制成師範學院，各師院的幼兒師資科亦在民國八十一學年起，全部改制為幼兒教育系。民國七十九學年臺北市立師範學院首次改系時，即在幼兒教育系內設有特殊教育組，嬰幼兒特殊教育師資有了正式的培育機構。後來在幼兒教育系裡，刪掉特殊教育組的名稱，然仍保有特殊教育課程。可是幾年來這些嬰幼兒特殊教育課程，一直都沒有國人自行編寫的中文用書。筆者幾年擔任嬰幼兒特殊教育課程，深切瞭解學生的需要，因此利用民國八十一學年國科會補助出國進修的機會，蒐集相關資料，編寫成本書。希望能提供擔任本課程教授與選修本課程學生的參考用書。

　　本書在編寫時，除了考慮到幼兒教育系特殊教育組的師生外，同時兼顧到家政職業學校幼兒保育科或家政專科學校幼兒保育科的師生。為了使選用本書的多種層次讀者，都能充分瞭解，所

以文字盡可能的淺出，內容說明也較詳細。全書的宗旨在介紹有關嬰幼兒特殊教育的基本概念，藉以引起學習者或讀者從事嬰幼兒特殊教育的興趣。若想深入研究，可依據每個章節的主題，再去蒐集或閱讀相關資訊。本書原則為三學分的課程設計，如所開的為二學分或一學分的課時，則教授可自行選擇適用的章節進行教學。若選為高職幼保科的參考用書，內容就應簡化。

本書以實用為編寫原則，對實務與實況的說明自認相當用心。但因受限於經驗的關係，無法對每一領域都深入介紹，較感遺憾。書中的內容若非國內資料欠缺，總會多引用國內的資料，希望讀者看完本書後也能對國內的嬰幼兒特殊教育有所瞭解，不願祇是純引進國外理論與現況。惟所得資料並無法全都經過查驗，若有錯誤要特別請讀者包涵見諒，也希望能不吝指正。

本書醞釀期間起自民國七十九學年初次擔任臺北市立師院幼兒教育學系特殊幼兒教育課程時，正式有計畫動筆撰寫係在八十一學年度到美國北科羅拉多州立大學（University of Northern Colorado）研究期間，完稿後一直覺得不滿意，經過一年多的一再修正，仍無法讓自己滿意。但經諸多好友與學生的催促，終於下定心意先出版，由讀者來批判，將這些意見蒐集後，在第二版時再行修訂。因此要特別懇請先進與讀者賜予改進意見。

本書在撰寫過程，承蒙北科羅拉多州立大學特殊教育學系系主任黃茂樹博士熱心指導，在最後出書之前未及請黃教授過目，除致謝外，也要請黃教授原諒。在這一年多的修改過程，蒙林敏慧老師參與每一章節的討論，對內容與文句都提供珍貴意見與極大幫助，如果沒有她的參與本書很可能會難產。原要將她並列為作者，只因她堅持才由筆者一人具名。更要感謝的是家人，自從

進入師院（含前身師專）任教以來，教書與行政工作的壓力，逼人常不得不放棄與家人相處的時間，內人徐彩完女士毫無怨言地代為挑起家庭的所有責任，能完成這本書內人與家人的犧牲實在不小，特別謝謝他們。在求學過程中教導過我的老師，若沒有您們的教導，就不可能有今天這本書的出版，就此一起謝謝老師的教導恩情。心理出版社的許麗玉小姐真有耐心，等了一年多仍不放棄，也因她的耐心催促，造成本書的出版。謝謝她給予本書出版的機會。

　　本書是筆者第一本較正式的作品，特別要以它來表達對母親的懷念。年輕時家境不好，師範畢業後根本不敢有再升學的意念，家母深引以為憾。老人家在口頭上常說為什麼子女無法取得高學位，這雖也是重視學歷的偏見，為人子女心中總覺得應盡力為之。於是利用各種在職進修的機會(這實為政府的德政)，希望能償老人家心願。誰知就在自己進修博士學位時，家母竟因心臟病去世。當時人在國外，家人遵其遺訓「課業為重」還不敢告知，致使無法親自為老人家料理後事。願老人家在天之靈能滿意其子的作品。

柯平順 書於臺北市立師院特殊教育系
中華民國八十三年九月

目錄

第一章 緒 論⋯⋯⋯⋯⋯⋯⋯⋯⋯⋯⋯⋯⋯ 1

　第一節 嬰幼兒特殊教育的意義⋯⋯⋯⋯⋯⋯⋯ 1

　第二節 嬰幼兒特殊教育發展的影響因素⋯⋯⋯⋯ 4

　第三節 嬰幼兒特殊教育的重要性⋯⋯⋯⋯⋯⋯ 14

　第四節 嬰幼兒特殊教育的歷史發展⋯⋯⋯⋯⋯ 19

　第五節 嬰幼兒特殊教育的理論基礎⋯⋯⋯⋯⋯ 28

　第六節 結論⋯⋯⋯⋯⋯⋯⋯⋯⋯⋯⋯⋯⋯⋯ 34

　討論問題⋯⋯⋯⋯⋯⋯⋯⋯⋯⋯⋯⋯⋯⋯⋯ 36

　參考書目⋯⋯⋯⋯⋯⋯⋯⋯⋯⋯⋯⋯⋯⋯⋯ 37

第二章 認知發展與問題⋯⋯⋯⋯⋯⋯⋯⋯ 45

　第一節 認知發展的基礎⋯⋯⋯⋯⋯⋯⋯⋯⋯⋯ 46

　第二節 認知發展理論⋯⋯⋯⋯⋯⋯⋯⋯⋯⋯⋯ 51

　第三節 認知發展缺陷⋯⋯⋯⋯⋯⋯⋯⋯⋯⋯⋯ 63

　第四節 結論⋯⋯⋯⋯⋯⋯⋯⋯⋯⋯⋯⋯⋯⋯ 78

　討論問題⋯⋯⋯⋯⋯⋯⋯⋯⋯⋯⋯⋯⋯⋯⋯ 80

　參考書目⋯⋯⋯⋯⋯⋯⋯⋯⋯⋯⋯⋯⋯⋯⋯ 81

第三章 生理發展與問題⋯⋯⋯⋯⋯⋯⋯⋯ 85

第一節　動作發展的一般現象……………………85

第二節　動作發展缺陷……………………………93

第三節　生理發展問題……………………………101

第四節　視覺障礙…………………………………107

第五節　結論………………………………………111

討論問題……………………………………………112

參考書目……………………………………………113

第四章　語言發展與語言障礙………………115

第一節　語言發展…………………………………116

第二節　語言學習理論……………………………121

第三節　語言障礙…………………………………124

第四節　聽覺障礙…………………………………129

討論問題……………………………………………134

參考書目……………………………………………135

第五章　社會情緒發展與問題………………139

第一節　社會情緒發展的基礎……………………140

第二節　社會情緒發展理論………………………144

第三節　社會情緒發展缺陷………………………150

第四節　結論………………………………………161

討論問題……………………………………………162

參考書目……………………………………………163

第六章　嬰幼兒特殊教育診斷………………171

第一節　嬰幼兒特殊教育診斷理論……………………… 172

第二節　嬰幼兒特殊教育的診斷過程…………………… 177

第三節　嬰幼兒特殊教育診斷模式……………………… 200

第四節　結論…………………………………………… 209

討論問題………………………………………………… 211

參考書目………………………………………………… 212

第七章　嬰幼兒特殊教育的安置與課程……… 215

第一節　嬰幼兒特殊教育的安置型態…………………… 215

第二節　嬰幼兒特殊教育課程的原則與應用…………… 225

第三節　結論…………………………………………… 238

討論問題………………………………………………… 239

參考書目………………………………………………… 240

第八章　親職教育……………………………… 243

第一節　有特殊需要嬰幼兒家長的心理歷程…………… 244

第二節　親職教育的目的與做法………………………… 252

第三節　結論…………………………………………… 259

討論問題………………………………………………… 260

參考書目………………………………………………… 261

第九章　我國嬰幼兒特殊教育發展之建議…… 263

討論問題………………………………………………… 276

參考書目……………………………………… ……… 277

第 1 章　緒論

嬰幼兒特殊教育乃基於早期發現，早期治療之理念而發展出對有特殊需要嬰幼兒的需要，提供相關的服務措施。本章首就嬰幼兒特殊教育的意義、重要性、歷史發展、及理論基礎進行探討，以幫助讀者對嬰幼兒特殊教育有一初步的認識。

第一節　嬰幼兒特殊教育的意義

討論嬰幼兒特殊教育之前，

應先確定嬰幼兒特殊教育的意義。嬰幼兒特殊教育是一整合性的應用學科，它與嬰幼兒發展、教育及特殊教育的關係密不可分，故應先依序探討嬰幼兒、教育、嬰幼兒教育、特殊教育等之意義，才能明確掌握嬰幼兒特殊教育的精神，而真正體會嬰幼兒特殊教育的意義。

　　通常所謂「嬰幼兒」係涵括新生兒至六足歲階段的小孩，他是與成人迥然不同的階段。嬰幼兒在發展的各個領域，皆與成人不同，不能再以過去視嬰幼兒為小大人的觀念來看待嬰幼兒。人類之不同於其他動物，乃在於有較漫長的嬰幼兒階段。在此長期的嬰幼兒階段，個體發展出許多的生活技能與未來社會生活適應的準備技能。經過人類發展學的研究，嬰幼兒是人類發展關鍵期的觀念，已被人們所普遍接受。因而嬰幼兒階段是討論教育時所不能忽略的，本書討論主題為嬰幼兒階段的特殊教育，自然更應對之詳加研究。

　　有關「教育」定義的討論，各家的觀點不儘一致。如果依照Erikson對人類發展的觀點來看教育，他認為人類發展是一輩子的事，則教育應也是一輩子的事。準此以論教育，「教育應是較成熟的人協助較不成熟的人，朝向較成熟方向發展的過程。」在句中之所以採用「較」而不用肯定的、絕對的字詞，乃認為人即使到了臨終之前，也不可能完全成熟。既然沒有完全成熟的人，就應採用比較的觀念來討論教育。另一用詞「協助」的意義在於肯定人類的潛能，教育不論運用何種技巧，皆僅能激發潛能，發展潛能。若個體本身不具有潛能，則再高明的教學者或教育家都無法使他出現某項能力。然這並未否認人類具有潛能，即使是個重度的智能障礙者或多重障礙者，也會具有某些潛能存在，其中

的不同處祇在於多少的差別而已，而非有無。

　　「嬰幼兒教育」專指針對未滿六足歲以前的嬰幼兒，所進行的教育。在早期中國傳統觀念裡，嬰幼兒的教養被認為是家庭應擔負的責任；因為在過去農業社會的大家庭生活中，總有足夠的人力可以照顧這些嬰幼兒。現今由於社會型態的轉變，教養嬰幼兒的工作已逐漸由家庭轉移至社會機構如托兒所、幼兒園和育嬰中心等的專業單位。

　　特殊教育相對於普通教育。當部份受教者在一般的教育環境中進行學習時，不僅本身對教材與教法有接受上的困難，甚或可能對其他受教者的學習造成干擾。為了其他受教者的權益，及其本身的學習效果，因而對這些具有特殊學習需求的個體施以有別於一般教學的教育方式；如不同的安置型態、教材、教法或特殊的輔助器材等，使受教者能達成最大的學習效果，此即特殊教育。從此可瞭解在本質上，特殊教育比普通教育更重視學習者的個別差異。

　　嬰幼兒特殊教育乃將上述之兩種觀念結合在一起，即為針對有特殊需要初生嬰兒到六足歲間的嬰幼兒，因其個別差異之需求，而給予符合其能力之施教方式與相關服務。這樣界定嬰幼兒特殊教育，在邏輯上相當合理。然就國內現況來分析，卻仍然是一個遙遠的目標，不易達成。

　　國內依幼稚教育法的規定，僅三足歲以上的幼兒被納入受教育的對象，而三足歲以下嬰幼兒的教育自然還是家長自己的責任。然所謂受教育也非義務教育，它是一種由家長自行選擇的自由教育。除了幾所師範學院附設的實驗幼兒園，及少數幾所由政府社政單位辦理的托兒所等屬於公家單位外，其餘的幾乎全為私立

幼兒園或托兒所。直到民國七十四年八月開始，才由當時台北市
政府教育局局長毛連塭博士，首開創局，利用國民小學減班後的
空餘教室，在台北市的國民小學開辦二十班附設幼稚園（筆者
認為採用幼兒園較妥當）。總算除了當時各師範專科學校附設
的實驗幼兒園以外（尚有部份國立小學附幼），開始有正式的公
立幼兒園。後來經過有關單位及人員不斷的努力推動幼兒教育的
結果，也祇能勉強在部份有空餘教室的國民小學，增設五足歲以
上的幼兒教育班級，容納部份五足歲以上幼兒，讓他們有機會接
受政府提供的幼兒教育機會，但還是無法將所有五足歲以上的幼
兒全部納入政府提供的幼兒教育範圍內。若依此現況而論，嬰幼
兒的普通教育都未能普及，何來的有別於普通教育的施教方式與
相關服務。如此分析，祇是用以說明我國推行嬰幼兒特殊教育過
程，比之歐美教育先進國家確實仍有不少困難，並非要否定嬰幼
兒特殊教育上述定義或反對在現階段推行嬰幼兒特殊教育，而是
希望在推動嬰幼兒特殊教育時，能注意設法去克服相關的問題。
幸好，國內幾年來也已經成立了些幼兒特殊教育班級。有了既有
的基礎，接著繼續發展，相信未來的成果將是可以預期的。

第二節　嬰幼兒特殊教育發展的影響因素

　　嬰幼兒特殊教育，在理念與發展過程，在在皆與嬰幼兒教育
及特殊教育有關，其間之關係已在前節略有說明。當討論嬰幼兒
特殊教育時，若將嬰幼兒教育及特殊教育置於一旁，或一無所知
，實是一件反常的事。本節因而依序討論影響嬰幼兒教育發展的

因素，影響特殊教育發展的因素，影響嬰幼兒特殊教育的因素等
三個重點。

壹、影響嬰幼兒教育發展的因素

　　整個社會環境與社會觀念持續不停的改變，當代對嬰幼兒的
觀念與教育要求，也大不同於從前。影響因素極廣，在國內可歸
納為：學理的引領、中國傳統士大夫觀念的再現、家庭結構變化
的需求、親職教育的效應、家長教育水準的提昇、僱主觀念的改
變、政府的大力推動等因素。

一、學理的引領

　　自從Piaget（1952）提出兒童認知發展不同於成人，兒童並
非小大人的觀念；Dewey & Dewey（1962）強調早期經驗及環
境的價值；及Montessori（1967）運用她的教學材料，成功地發
展了學前教育方案後，人們對嬰幼兒的觀念與教育要求，有了一
百八十度的轉變。這些學理也跟著西方文化成功地轉介到我國。
在民國五十年代前後，國內若聽到以「小孩子還小，何必逼他！
」的話，去阻止父母親對幼兒的教導時，大多數的人皆會同意其
觀點。但到了民國七十年代以後，教育普及，人民知識水準普遍
提高，多數人受到西洋心理學與發展學學理傳入的影響，不祇無
法再同意「小孩子還小，何必逼他！」的說法，更認識了五歲以
前是學習的關鍵期，一旦錯過學習關鍵期，則往後學習將會是事
倍功半。同時，中國傳統的胎教觀念也再次被強調重視。故學理
的引領實為影響嬰幼兒教育發展的重要因素。

二、中國傳統士大夫觀念的再現

除了胎教的重視外，士大夫觀念的再抬頭，也產生極大的影響效果。士大夫觀念使中國人一直認為「萬般皆下品，惟有讀書高」。過去，雖然他同樣被重視，但社會經濟落後，多數人因生活艱困，求生都已不易，那可能有時間談讀書。這種情形一直到民國五十年代尚很明顯，當時在臺灣鄉下的國民學校（當時小學的正式名稱），祇要稻田收割期一到，常在無形中放農忙假。這種假並非是政府規定，也非學校行政人員擅作主張或教師偷懶（事實上他們也不敢），而是學生不來上課。學生不來上課，莫以為個個都是幫忙家中的農事，有很多學生是在他人割過後的稻田裡撿稻穗，用為生計。家長們認為撿稻穗比上學讀書更重要、更實際，這不表示他們沒有士大夫觀念，而是無力從事「士大夫」階級的經營。因為撿稻穗的所得雖不多，但仍是家中收入的一項重要補助。因為從他們對教師的尊重可看出其對士大夫觀念的重視，除平日對教師必躬必敬以外，祇要一逢家有喜慶，有了任何平常不輕易有的葷菜上桌，定會一再邀請教師到家中共享。

七十年代開始的臺灣，經濟奇蹟使每個家庭皆能豐衣足食，過去沒有能力追逐「士大夫」階級的家庭，多數都有能力供其子女參與「士大夫」的追逐。為了要讓兒童贏在起跑點上，就越來越重視嬰幼兒的教育。

三、家庭結構變化的需求

自臺灣整個社會由農業時代進入工業時代、科技時代後，以往「守土重遷」觀念已不復存在。民國四十年代時，許多住在中

南部鄉下的老人家，終其一輩子，若能到過該縣的縣治所在地，就算是已經見過世面的見聞廣博者。時至今日，情況整個改觀。多數國民中學畢業生，都常離開家鄉，到外地去求學或工作。在外地求學或工作的年輕人，自然地就在外地立業成家，於是往日的大家庭漸漸改組成為核心家庭或小家庭。家庭結構變化後，小家庭的男女主人為改善家庭經濟，提昇家庭生活水準，雙方都會投入職業工作行列，成為雙薪家庭。農業時代的工作是在自家的田地，或住家附近地主的田地上耕作，隨時可以兼顧家中事務或小孩。現在人們的工作卻常在離住家有一段距離的工廠或公司裡上班，不但早出晚歸，工作時間裡根本無法抽空回家料理家務或處理小孩事情。此時，家庭若有了新生命，為保持既有的工作，以免造成家庭經濟負擔，對保姆及幼兒園的需求就更為迫切。

另一種家庭結構的出現，也是使幼兒園更搶手的原因，那就是單親家庭。由於工商發達的社會，人們因忙碌而疏落、空虛，家人減少相處的時間而疏遠，許多家庭產生婚變，或因意外事故（車禍、工作傷害）而死亡，於是出現單親家庭。雖然是單親家庭，惟在生活現實壓力下，大人仍需外出工作，此時，保姆與幼兒園也就不可或缺。

四、親職教育的效應

「有了孩子就會當父母」，在過去的傳統社會中，這被認為是正確的觀念。再加上所謂「天下無不是的父母」觀念的影響，親職教育根本不受重視。但今日的社會不同了，每個家庭的子女數降低，社會競爭更劇烈。家長發覺他們的孩子面對的社會壓力，比之自己過去所面對的社會壓力，不是「有過之」而已，是超

過好多倍。要協助自己的孩子在劇烈的社會競爭下，贏取勝利，實在需要太多的技巧。僅管親職教育能提供些育兒的知識，卻也讓雙親心虛。太多的知識：發展心理學研究所得（Shirley, 1931; Gesell & Ames, 1937; Bergman & Escalona, 1949; Bayley, 1968），心理分析學的理論（Freud, 1938; Erikson, 1950），行為學派心理學等都需要學習。處處都讓父母覺得教養子女不易。於是，他們轉而求助於有專業訓練的幼兒園。

五、家長教育水準的提昇

近年來臺灣經濟水準提高，教育普及，使得整個臺灣地區的人民生活層次比過去好了很多。一般家長也因其水準的提昇，而有足夠的能力去認知嬰幼兒教育的重要。由於家長本身教育水準的提高，他們知道嬰幼兒階段教育對其成長後的影響。所以除了對嬰幼兒本身親自從事教養的工作外，也能尊重專業人員對嬰幼兒教育的見解，並希望在嬰幼兒的教養上，能有專業人員的協助。此亦為促進嬰幼兒教育普遍發展的原因之一。

教育與經濟水準的提昇，也使家長出現了補償的心理。目前中壯年階層的家長，在他們的幼年生活時代，臺灣當時的社會生活水準，確實是較落後。這些家長多數皆經歷過貧困的生活，當其面對今日社會富裕生活時，不免總有些遺憾。此心態投射到子女的身上時，就有「孩子，我要你比我更好」或「孩子，我要你比我更幸福」的期望，希望能把自己所沒經驗過的幼兒園教育機會提供給孩子。現今多數家庭的子女數並不多，大部份家長皆有能力讓子女接受較佳嬰幼兒教育，也願意讓子女有接受較理想嬰幼兒教育。這也是國內嬰幼兒教育普遍發展原因之一。

六、僱主觀念的改變

　　早期剛從農業社會轉型進入工業社會時，企業或工廠所需的工作人員有限，而農村裡有閒的農民極多，工廠老板招募工作人員相當容易。有時對工作人員而言，還可能是種恩惠，因有工作就能多一份額外的收入，對家庭經濟是一大補助。所以老板對工作人員只要給工作與要求即行。時至今日，情勢已大不相同，工作人員已經不太好找。工廠老板為了要留住工作人員，真是想盡了辦法。針對有眷員工，在工廠裡辦個嬰幼兒的教育園地，讓員工子女能接受理想的嬰幼兒托育、教育機會，又在工作中隨時能瞭解到子女的情況，實是留住員工的最好方法。嬰幼兒教育也因而能更普及。

七、政府的大力推動

　　雖然在我國的法令裡，幼兒教育並非義務教育，但在民國七十四學年度開始，當時台北市政府教育局局長毛連塭博士，利用台北市國民小學因減班而多出的空餘教室，在台北市國民小學裡增加二十所附設幼兒園，成為一般國民小學創辦附設幼兒園的濫觴。後來除台北市政府教育局繼續推動外，臺灣省與高雄市也跟著推動，使嬰幼兒教育更受重視，也更普及。

　　在幼兒園大量增班的同時，教育行政單位也進行提昇幼兒園師資水準的工作。在原來師範專科學校普設二年制幼兒教育科，並配合師範專科學校改制為師範學院，在民國七十九年八月，將台北市立師範學院幼稚教育科正式改制為幼兒教育學系，民國八十一年，其它八所師範學院的幼稚教育科同時改制為幼兒教育學

系，以為提昇師資水準的一種方法。

　　省市廳局為協助各幼兒園的教學效率，每學年皆辦理幼兒園的評鑑。透過行政的力量，對幼兒園的行政、教學、設備等方面，加以督促並提供改善之策，同時對表現優良的幼兒園，給予獎金鼓勵的增強，藉以提昇幼兒教育的水準。

　　上述影響嬰幼兒教育普受重視的七項主要因素，將會繼續對未來的嬰幼兒教育產生影響，值得有心人士更深入地研究。

貳、影響特殊教育發展的因素

　　社會整個大環境的變遷，價值觀念的更易，對嬰幼兒教育所產生的影響是顯而可見的。當然這些因素對特殊教育的發展也多少有些影響。國內特殊教育發展的契機，除上述嬰幼兒教育發展相關因素的配合外，另外還有社會開放的現象、家長觀念的變更、政府的大力推動等條件的影響，更是直接影響到特殊教育的發展。

一、社會開放的現象

　　民國七十年代是臺灣社會生態大變化的時代。許多政治禁忌皆被打破，其中各種街頭運動更是層出不窮。在七十年代的初期，屬於弱勢的殘障團體，在有心人士的推動下，也進行殘障教育與福利請願的街頭活動。此些行動確實產生作用，喚起更多的人注意到被疏忽的這一環，也對行政單位產生相當的壓力。在社會開放，走入多元化以後，人們開始敢於爭取個人的權益，有特殊需要兒童的家長也不例外。多元化社會裡，人們也有了接納他人

的多元價值觀。對障礙者，不再以過去輕視、排斥的態度面對，而逐漸以認同、接納的心理，將障礙者視為弱勢者。於是，兒童特殊教育也因此機會，有了發展的必要與可能。

二、家長觀念的變更

家中兒童有特殊需要情況的家長，過去都不願意讓他人知道自己有此種小孩。但現在他們觀念改變了，不再迷信「有這種小孩是報應或因果循環」的結果；也不再認為教育對孩子無益。而積極地替他們的小孩要求受教權，希望透過教育的效果，幫助孩子充分發揮潛能，以減輕未來生活的壓力。這是一股極大的力量，尤其他們請出關心的民意代表，在各級民意機關裡配合質詢的效果，終於促使教育行政單位不得不加快腳步，在特殊教育立法與特殊教育推展上做出表現。

三、政府的大力推動

我國感官缺陷特殊教育的開辦較早，於清朝末年即已設校。民國前四十二年長老會英國籍牧師黙爾（William Moore）在北平首先創辦「瞽音書院」，招收盲童進行特殊教育。民國前二十五年美籍密爾女士（Annette Thompson Mills）接著創設「啟瘖學校」於山東登州府。智能障礙特殊教育則直到民國五十一年，台北市教育局、臺灣大學醫學院附設醫院兒童心理衛生中心、板橋教師研習會等三個單位共同籌劃在台北市中山國民小學成立特殊班，才開始發展。後來在五十年代末期，由於徐澄清醫師的聯繫，促成了臺灣省政府教育廳與聯合國教科文組織的合作（推動國民小學智能障礙特殊教育），及國立臺灣師範大學教育研

究所的努力（推動國民中學智能障礙特殊教育，於民國五十九年在臺北市金華、成淵、大同、大直等四所國中設立「益智班」），終於使我國智能障礙特殊教育得有今日的現象。民國五十二年於屏東縣仁愛國小首創「啟能班」，針對肢體障礙學童加以輔導。民國五十三年於臺北市福星國小與陽明山國小開辦「資優班」，進行資賦優異學童教育之試辦。民國五十五年，首創盲生混合教育計畫，進行盲生走讀教育。民國六十七學年度，政府教育行政單位又開始推動學習障礙特殊教育，在臺北縣永和國中、桃園縣桃園國中、嘉義市民生國中、高雄市左營國中等校創設資源教室。民國六十九年開始，在台北市的劍潭國小、河堤國小、臺北縣新埔國小、新竹縣竹仁國小、彰化縣和興國小、嘉義市崇文國小、屏東縣南州國小等校正式創立資源班，從事學習障礙兒童的教學輔導。教育界經過這段時間的努力與經驗，也體會到增進特殊教育的效果，對整個教育效果的提昇，確有相當的功能。政府更因而盡力推展特殊教育。

影響教育推展的因素絕對是多方面的，對特殊教育的影響因素亦不例外，本書僅就其中影響較明顯的三項提出說明，供有心探究者參考。

參、影響嬰幼兒特殊教育發展的因素

前述影響嬰幼兒教育與特殊教育的諸項因素，對嬰幼兒特殊教育的發展亦有同樣影響效果。不過，除此之外，尚有早期介入、社會福利等觀念的發展更直接地影響到嬰幼兒特殊教育的發展。

一、早期介入

　　發展心理學的研究成果確定了嬰幼兒階段的發展，直接對個體未來的發展產生絕對性的影響。Fluid和Erikson等都認為早期的發展會對往後人格發展發生影響。Montessori更提出所謂關鍵期的說法，她認為在嬰幼兒階段有學習「關鍵期」（sensitive periods）的存在。所謂關鍵期係是指個體在發展過程中，對某些能力的學習，若能在某一年齡階段進行學習時，則將較快速且有效果，若錯過此一階段，則其學習將會是事倍而功半，甚至徒勞無功。人類許多能力的學習關鍵期出現在學齡前的嬰幼兒階段，偏偏人們自己設計的教育制度，又要等到學齡階段才開始對幼兒進行教育，無形中錯過了學習的關鍵期。當人們認識這個嚴重性後，便提出「早期教育」的觀念，要求對嬰幼兒教育加以重視。

　　特殊教育的研究亦認為對有特殊需要的兒童如能及早教育，其效果將會更顯著。國內自從大力推展各類特殊教育後，實際從事特殊教育工作的人員，都認為等到小學階段才開始進行特殊教育的工作已經太遲了。於是「早期介入」的要求就更明確，此觀念自然促進嬰幼兒特殊教育的發展。

二、社會福利

　　一個未開發國家，其政府的施政重點實無能擺在社會福利上。但當國家發展進入為開發中的國家時，因其本身的能力已有辦法去照顧該國內需要他人協助的弱勢群體，於是政府便開始注意社會福利政策，對社會上的弱勢者給予關懷、輔助。然而從學者

的研究發現，嬰幼兒特殊教育福利政策的推展，並非是純消耗性的財政支出，它實是一項投資性的福利工作（詳細說明請參閱第三節嬰幼兒特殊教育的重要性）。既能對弱勢者產生照顧的實效，又能因嬰幼兒特殊教育的實施，減輕未來社會福利的負擔。有識之士就更重視嬰幼兒特殊教育，推動嬰幼兒特殊教育，並盡力促成大家重視嬰幼兒特殊教育，用以造成一股勢力。

國內這兩項觀念確已對嬰幼兒特殊教育的推動產生其影響力，此時更需要有心人的投入參與，嬰幼兒特殊教育方能更快速健全發展，也才能儘早造福這些有特殊需要的嬰幼兒。

檢視影響嬰幼兒教育、特殊教育、嬰幼兒特殊教育的發展因素後，再注意國內各方面的條件，應可發現這些影響因素皆已存在，並且越來越具影響效果，也就是說國內嬰幼兒特殊教育發展的條件已經具備，只要行政單位釐定好策略，將來嬰幼兒特殊教育蓬勃的景象是可預期的。

第三節　嬰幼兒特殊教育的重要性

在社會情勢方面，上述有利因素固然是促進嬰幼兒特殊教育發展的契機，但是嬰幼兒特殊教育本身亦有其不可忽視的重要功能，也才能促使其發展。茲分成充分擴增嬰幼兒潛能的發展、預防第二種障礙或第二次障礙的出現、對家庭提供支持與教學、效果的價值等四方面討論其重要性。

壹、充分擴增嬰幼兒潛能的發展

嬰幼兒特殊教育的功能之所以會被肯定的主因，即在於它能擴增嬰幼兒能力最大的發展表現。此可從研究上得到証明。

Skeels（1966）曾將一群幼兒從養護院帶到收容所，讓他們得到較多的關注。在經過一段時間以後，發現這群幼兒的智能提高了，而仍留在養護院的幼兒，其智能則降低了。另外對此做長期研究的學者們（Consortium for Longitudinal Studies, 1978; Lazar & Darlington, 1982; Schweinhart & Weikart, 1980; Gray, Ramsey & Klaus, 1982）也都有相同的結論。其中Consortium and Perry Preschool對結果的報告如下：

一、曾接受嬰幼兒特殊教育的嬰幼兒，當他們進入小學時，被安置到特殊班的數量顯著的減少了。

二、曾接受嬰幼兒特殊教育的嬰幼兒，在學校裡得到較高的成就測驗分數，也較能被學校接納。

三、曾接受嬰幼兒特殊教育的嬰幼兒，當其成長離校後，在社會上較少表現出懈怠和違犯法律的行為。

這正證明了早期的學習確是往後較複雜行為序列發展的基礎（Bricker, Seibert & Casuso, 1980）。本來，早期行為與學習的初步型式影響所有未來發展的本質就已相當的明確，且被學者所普遍接納，今又有此研究結果加以佐證，更是令人信服。而早期的學習關鍵時刻對學習亦有極大的影響（Montessori, 1967）。因為若錯過學習的時機，很可能會失去該一能力學習的可能性；即使以後還可能學得該一能力，但效果總是要差些。所以有特殊

需要的嬰幼兒及早接受特殊教育對其未來能力的發展，絕對有正
面的意義。

貳、預防第二種障礙或第二次障礙的出現

心理學者認為從嬰幼兒早期與看護者（caregiver）互動關
係的情況，可以預測其未來發展的可能方向。若兩者間的互動關
係良好，則嬰幼兒未來發展的質就會有較理想的表現（Osofsky,
1976）。 若雙方的互動關係不佳，則可能造成嬰幼兒出現難於
應付的行為表現，如同自閉症一類的現象（Brazelton, Koslows-
ki & Main, 1974; Bell, 1974; Denenberg & Thoman , 1976）。
通常所謂看護者皆指雙親。然父母親並非受過專業訓練的人員，
在其與嬰幼兒的互動過程中，若是嬰幼兒的行為表現良好時，則
親子間的互動模式就較可能趨向良好和諧。反之有些嬰幼兒（尤
其是有特殊需要的嬰幼兒）的行為往往令其父母有走避的心理，
其互動關係自不可能良好。此時若能有嬰幼兒特殊教育的介入，
則看護者的身分將可能由雙親擴延至特殊教育的專業工作者，或
由特殊教育工作者指導雙親與嬰幼兒正確互動的模式。這些專業
人員的介入，自會有助於良性互動模式的產生。這種良性互動模
式的產生，將可促使未來嬰幼兒的發展朝向較理想的水準層次。
在嬰幼兒特殊教育的範圍裡，親職教育的實施，正是希望協助父
母親與其嬰幼兒建立良好的互動模式。此工作的目的就在於預防
第二種障礙或第二次障礙的出現。

人的各種能力與智力，並非生下來即固定的，有可能會惡化
；也有可能會改善，全看後天環境與學習的影響。如果能夠儘早

開始嬰幼兒特殊教育的實施，充分發揮後天環境與學習的影響力
，則該嬰幼兒的各種能力與智力，將有可能獲得改善，是亦可達
成預防第二種障礙或第二次障礙出現的效果。

　　嬰幼兒出現一種障礙，如果及時給予適當的特殊教育，則可
能減輕或消除其障礙的影響。若不然，像聽覺障礙嬰幼兒得不到
合宜的協助，除了聽覺障礙本身的問題得不到改善外，很可能因
聽覺障礙造成情緒障礙或智能障礙的出現，或因得不到適當的特
殊教育與相關服務的協助，使該嬰幼兒的聽覺障礙問題更為嚴重
。若能施予適當的嬰幼兒特殊教育，則就能預防第二種障礙或第
二次障礙的出現。

參、對家庭提供支持與教學

　　當一個家庭出現有障礙嬰幼兒時，其家庭常要面對著許多有
形或無形的壓力（ Roos, 1978; Gallagher, Beckman & Cross,
1983 ）。某些家庭因本身社會經濟狀況的不利，及教養態度的不
當，可能增強嬰幼兒已有障礙現象的惡化。面對這些家庭的情形
，嬰幼兒特殊教育的早期方案，正可在這方面幫助家庭。

一、壓力紓解

　　家庭面對這些壓力時，需要一些調適過程，早期方案可針對
此需要，設計些課程活動，協助家長以合宜的心態與方法來面對
他們有特殊需要的嬰幼兒及外來的壓力，使家長的壓力得以減輕
，嬰幼兒的成長環境也能較有利於其正向的發展。

二、教養技巧訓練

通常家長都不是先學會撫養嬰幼兒，才開始生育小孩。所以即使是面對一位普通嬰幼兒，都會有不知該怎麼辦是好的情形，何況是面對一位障礙嬰幼兒。早期方案可設計些課程，來幫助家長獲得教導與處理他們小孩的必要技巧。

三、教養訊息提供

早期方案還可幫助家庭取得些必要的訊息與相關的服務。如提供諮詢服務、教育新知及社會福利資料的介紹等等。

四、福利提供

透過社會福利政策的執行，可以減輕環境與經驗不利等因素對嬰幼兒潛能充分發揮的影響；透過全民健康保險的推動，可協助家庭克服嬰幼兒生理疾病的困擾，或減輕嬰幼兒生理障礙所造成的負擔。

肆、效果的價值

曾接受嬰幼兒特殊教育的嬰幼兒，在其進入學校直到十八歲離開學校之間，較多能留在普通班級裡學習，節省不少特殊教育經費的開支（Wood, 1981）。而在他們離開學校，進入社會以後，較多能順利就業與較少失業與犯罪的情形。自然就可減少社會福利金與監獄罪犯費用支出，同時還因他們順利就業，而增加政府的稅收（Weber, Foster & Weikart, 1978）。很多犯罪案件

常傷害到無辜的第三者，減少犯罪機會也等於增加社會大眾的安全保障。這項價值更是肯定了嬰幼兒特殊教育的重要性。

即使這些障礙嬰幼兒長大後不一定有能力就業，但只要他們能照顧自己，不需要有一位專人來照顧他，則省下來這位照顧他的專人便能投入社會生產的行列，在價值上亦是值得的。

第四節　嬰幼兒特殊教育的歷史發展

嬰幼兒特殊教育發展，我國尚在起步階段。本節有關歷史發展的討論，將以美國為主，其目的乃希望藉助他山之石，達成攻錯的效果，使國內在推展嬰幼兒特殊教育時，不用再浪費摸索的時間，能儘快找出最有利、最可行模式，使國內有特殊需要的嬰幼兒能得到最佳的教育協助。

嬰幼兒特殊教育的發展可分成環境不利嬰幼兒教育、生理不利嬰幼兒教育、及殘障嬰幼兒教育等三部份來說明。

壹、環境不利嬰幼兒教育的發展

美國總統詹森（Johnson）在一九六四年成立了經濟機會辦公室（the Office of Economic Opportunity），此一聯邦機構發展了一項重要的方案，即Operation Head Start，它是為生活在貧窮環境下的幼兒設立的幼兒教育方案。其主要目的（Maxim, 1980）為：

一、增進幼兒身體健康與生理能力。

二、運用鼓勵、自信、自發、好奇和自律來幫助幼兒社會與情緒
　　發展。

三、促進幼兒心智過程與技巧的發展，特別是概念與口語技巧方
　　面。

四、為幼兒建立成功期望模式、此將有助於其對未來學習努力的
　　信心。事實上，整個Head Start的目的就在於「參與社會技
　　能的增強」（Zigler & Cascione, 1977）。

　　一九七二年Head Start被立法要求在入班幼兒中，接受百分
之十的殘障幼兒（Acherman & Moore, 1976）。在一九七三年
的報告說明每年有將近三萬名障礙幼兒加入Head Start的方案，
此一立法增加障礙幼兒在學前階段與普通幼兒共處的機會。

　　Head Start的效果，一直是個爭議的話題（Clarke &
Clarke, 1977; Zigler & Cascione, 1977; Cicerelli, Evans &
Schiller, 1969）。根據Blatt & Garfunkel等的報告（1969）：他
將五十九個來自低收入的幼兒，隨機分成實驗組與控制組，從實
驗後的結果發現「家庭安置比學校環境對幼兒的影響更大」。在
他的實驗裡並無法證明增強學前教育方案中的幼兒比沒接受方案
的幼兒表現得較好或較強。此結論引起對影響幼兒家庭環境因素
的注意。

　　除上述及相似的研究外，亦另有正向研究結果的報告出現：
如Gray & Klaus等在一九七六年對八十八個來自田納西鄉下低
收入家庭的黑人幼兒做七年的長期研究。此些幼兒被分成兩個接
受方案時間長短不同的實驗組，同時另找兩個對照的控制組。結
果發現早期介入教育確使幼兒在進入小學一年級時即明顯看出其

智能的提昇，而當教育方案停止時，便又逐漸地緩慢下來；另外兩個控制組的幼兒，則在進入小學一年級時就顯出跟不上的情況。稍後的報告（1982），雖在學校成就上，實驗組與控制組間已無顯著差異，但實驗組部份在社會適應上仍有較佳的表現。

在討論Head Start的效果時，雖然一直有正反兩種效果的爭議，但針對教育實驗的研究，有許多相關變因的控制並不是容易的事；如教學內容、教師水準、教學方法、學生能力等都不易控制。而且教育的影響常是長遠的，要在短暫時間內看出效果實不容易。理論上接受有計畫的教育，對孩子的影響，應該是正面的。所以說Head Start對環境不利的嬰幼兒應會有所幫助。由於對效果的爭議、經濟不景氣及其他因素的影響，此一方案目前出現經費短缺的不利狀況，但仍繼續推動著。

貳、生理不利嬰幼兒教育的發展

早期對生理不利嬰幼兒的照顧，皆由婦產科醫師處理，後來逐漸地轉由小兒科醫師接手。時至今日，已由接受新生嬰兒醫學訓練者負責。多數主要醫護機構設有新生兒集中看護單位（neonatal intensive care units），其中的工作人員含有接受新生嬰兒醫學訓練者與受過特別訓練的護士。雖說「從早期的醫療成效預測往後的心智成就並不顯著」（Sigman, Cohen & Forsythe, 1981）；且費用也相當可觀，在一九七八年發現美國為每名生理不利嬰兒所支出的醫療費用平均在一千八百元到四萬元美金（Budetti, Barrand, McManus & Heinen, 1981）。但此工作確實救助了相當數目的嬰兒。

　　後來研究者發現除了早期的醫護直接影響嬰兒的健康外，嬰兒看護者（通常為母親）與嬰兒之間的關係，也直接影響生理不利嬰兒往後的發展（Klaus & Kennell, 1976; Kopp, 1983; Ramey, Zeskind & Hunter, 1981; Barnard, 1976; Sameroff & Chandler, 1975）。而Sameroff（1981）分析四篇長期研究（San Francisco study by Hunt, 1981; Springfield study by Field, Dempsey & Shuman, 1981; Staten Island study by Caputo, Goldstein & Taub, 1981; and Los Angeles study by Sigman, Cohen & Forsythe, 1981）的結論認為「沒有任何單一因素，即使是出生時的體重或其它的生理問題，能清楚預測某一精確的發展表現。」。

　　當新生兒集中看護單位開始增加不同的工作人員：社會工作者、特殊教育教師；及運用不同的看護型態：家庭訪視、中心型態、或兩者兼俱方式。於是出現各種不同的介入模式，用以達成協助嬰幼兒的功能（Cole &Gilkerson, 1982）。

　　從美國的發展可看出，新生嬰兒的早期醫護除對嬰兒的健康有益外，對其未來的發展也有幫助。然早期醫護工作的參與者，除了接受專業訓練的醫護人員外，也應納入其他的相關專業人員，且型態亦應依嬰兒需要而定。

參、殘障嬰幼兒教育的發展

　　殘障嬰幼兒教育的發展可分成研究者或工作者的努力與法令的要求兩部份來討論。

一、研究者或工作者的努力

　　最早對智能障礙者從事教學的應是法國的Marc Itard。他對在叢林中發現的Victor（ the "wild boy of Aveyron." In 1798 ），用心設計了密集的教育方案，內容包含有

　㈠從正常發展抽演出的教學序列教材。

　㈡個別化的教學方案。

　㈢感官刺激的教學法。

　㈣從簡單到復雜，循序漸進的系統教學組織。

　㈤建立獨立與功能技巧訓練。

　　經過四年的教學，Victor仍有很多的技巧學不會，因此Itard認為實驗失敗。惟從較實際的觀點看，Victor也學會了很多的技能，在當時僅有極少數教育研究資源的情況下，Itard的教學應是成功的（ Ball, 1971 ）。即使依今日的標準批判，Itard的方案仍是最實用的（ Noonan & McCormick, 1993 ）。Itard本身是個醫師，對Victor的教育訓練，可能仍存有醫師幫患者看病的心態，他可能認為Victor是個患者，以醫師的立場看Victor被教育訓練的結果，當然不會滿意，因為Victor並未痊癒。事實上，Victor接受訓練後，已經學會了不少的技能，準此而論，Itard對Victor的教育確是成功的。Victor接受Itard的教學時，已經十餘歲了，很多技巧學不會的原因，不由得令人懷疑是否為錯過了學習關鍵期的關係，若是，則早期教育更不應被忽視。

　　Binet注意到兒童間的不同，在一九零九年於巴黎成立智能障礙兒童的班級，從事智能障礙兒童的教學。Maria Montessori

認為當兒童學習（尤其是某些特別觀念） 時，需透過一系列的感覺過程。所以設計學習活動與教材去配合這些感覺過程。她最早是在羅馬的一個智能障礙養護院裡工作，稍後則開辦了一所幼兒學校。在這兩個崗位上，她將自己的理念進行實驗，因而發展出一套完整的教具。Jean Piaget一生致力於認知心理學的研究，其對幼兒教育的貢獻在於提出兒童的思考與推理過程跟成人的差別並非是量的不同，而是質的不同。他認為幼兒認知技巧與過程的建構，是在不同的情境下逐漸促成的，確立嬰幼兒的認知理論。

　　Harold Skeels受愛沃華（Iowa）一家孤兒院負責人的請託，為二名智能障礙的小女嬰（ 一名十八個月大，一名二歲大。其智商為三十五和四十六） 找個安置的地方。因而Skeels催促州智能障礙養護院為這兩名小女嬰找個暫時棲身處所，後來她們被安置在一處智能障礙婦女收容所。她們在那裡得到充分的關注，兩年後再測其智商時，竟然意外地接近常態。於是引起Skeels從事有關研究的動機，他從孤兒院裡找出十三名三歲以下的幼兒，（ 其中十一名被界定為智能障礙者，十三名幼兒的平均智商為六十四）將他們移至州養護院，安置在與年輕智能障礙婦女一起的收容所。每名幼兒都安排有一名年輕智能障礙的婦女當保姆。十八到三十六個月後得到的資料顯示：安置在收容所的幼兒，其智商平均增加了二十七點五個百分點；而留在孤兒院的幼兒，其智商平均降低了二十六點二個百分點（ Skeels& Dye, 1939 ）。此一研究確定了刺激環境對發展的重要性。後來針對幼兒生活環境的研究，也皆發現較少刺激環境對幼兒發展呈現出不利的影響（ Spitz, 1945; 1946; 1947; Goldfarb, 1945; 1949; 1955 ）

Samual Kirk曾對八十一名智能障礙幼兒進行兩年的教學實驗。
其中實驗組有四十三名：十五名住在養護院並參加nursery
school；二十八名住在家中並參加幼兒園（preschool）。控制
組有三十八名：二十六名住在家中；十二名住在養護院。他們的
智商介於四十與八十五之間。其結果為：對智能障礙幼兒施予教
育，比不予教育，對其心智與社會技能發展的速率有幫助（
Kirk, 1977）。

　　Benjamin Bloom（1964）認為：

㈠人的特質因早期經驗而被塑造。

㈡人類發展是累積的，所以環境與早期經驗對人類發展是重要
　的。

㈢早期學習比往後企圖重塑合宜行為容易。這些觀念確實影響
　特殊教育學者更重視早期教育。

　　以上學者對早期教育成效的研究成果與理論，都是引起人們
重視早期發現、早期介入的因素。

二、法令的要求

　　政策之推行有賴法令之健全，法令之制訂正可協助政策之貫
徹。美國嬰幼兒特殊教育的發展更是深受其法令的影響。

　　一九六八年公布之公法九○—五三八，障礙兒童早期教育
支持法案（Handicapped Children's Early Education Assist-
ances Act），其目的在於界定服務障礙嬰幼兒及其家庭的有效
過程與模式。因而產生了幾個較有名的嬰幼兒服務模式：

㈠家庭模式（Home-based models）

有 The Portage Project in Wisconsin（ Shearer & Shearer, 1972 ）.

㈡中心模式（ Center-based models ）

有 The Model Preschool Program at the University of Washington（ Hayden & Haring, 1976 ）.

㈢家庭與中心結合模式（ Combined home-and center-based models ）

有 The Precise Early Education of Children with Handicaps at the University of Illinois, Urbana－Champaign （ Karnes, 1977 ）.

一九七五年公布之公法九四——一四二，障礙教育法案（ Education of the Handicapped Act ），此法案要求：
　㈠對所有障礙者（ 從三歲到二十一歲 ）提供免費且合宜的特殊
　　教育與相關服務。
　㈡所有教育應在最少限制的環境下進行。
　㈢為每位受教者提供個別化教育計劃。

一九八六年公布之公法九九— 四五七，障礙教育法案的修正案（ Amendments to the Education of the Handicapped Act ），此法案要求對三歲到六歲的幼兒應同樣提供免費且合宜的公立學校教育，並鼓勵辦理零到三歲的嬰幼兒特殊教育，也應建立對障礙嬰幼兒及其家庭的服務。
一九九〇年公布之公法一〇一— 四七六，將障礙教育法案更改為障礙者教育法案（ Individuals with Disabilities Educa-

tion Act），此法案將以前障礙教育法案中Part H部份的障礙嬰
幼兒方案改為第八章。其重點在要求各州對零到三歲的嬰幼兒提
供免費且合宜的特殊教育。

　　一九九一年公布之公法一○二——一一九，障礙者教育法案
的 修 正 案（ Individuals with Disabilities Education Act
Amendments），此法案的重點在於：

　㈠增加獎勵的誘因，促使以前各法案的要求能落實。

　㈡提出無條件方案，以助各州為障礙嬰幼兒計畫、發展與提供
　　州內範圍廣泛之綜合的、多原則的、及代理人制的服務系統
　　。

　㈢對障礙嬰兒的教育，州有選擇權。但聯邦政府則提供獎勵的
　　專款，協助州政府發展此項教育。目前各州皆已發展了此項
　　教育工作。

　㈣要求為每位受特殊教育兒童的家庭提供IFSP（ Individual
　　Family Service Plan），以確實滿足家庭的特殊需求。

　㈤重視轉換計劃（ Transition Planning ），以求每位受教者在
　　安置更換或變動教學模式時，皆無適應上的困難。

　　從法令的一再頒布，並加強服務重點要求，及增強州政府辦
理嬰幼兒特殊教育的誘因，美國有特殊需要嬰幼兒教育就越來越
受重視，也越落實。

肆、國內嬰幼兒特殊教育的發展

　　我國嬰幼兒特殊教育發展的情況，直到晚近政府才開始有計

畫的介入。在早期的嬰幼兒特殊教育發展，除極少數設在特殊學校的幼兒班外（ 如臺北啟聰學校 ），幾乎皆由私人機構負責，其中宗教團體又佔了大部份。後來由於師資培訓單位在教學與研究的壓力下，先後成立了幼兒特殊教育實驗班，如臺灣師範大學衛生教育系附設聽覺障礙幼兒教育班（ 目前改由師大特殊教育中心與臺北市政府教育局合作 ），台北市立師範學院附設聽覺障礙幼兒教育班，彰化師範大學附設聽覺障礙幼兒教育班等等。漸漸地又加上家長的要求壓力，於是在公立國民小學附設幼兒園裡設立智能障礙幼兒教育實驗班。目前雖說班級數仍然極少，但總算有了起步，前景應是可以樂觀的。

第五節　嬰幼兒特殊教育的理論基礎

　　嬰幼兒特殊教育理論目前尚未有完整系統架構，其理論常與嬰幼兒教育、特殊教育的理論融通互用，本節希望藉由嬰幼兒教育、特殊教育二個領域的討論，能在不久的未來，快速建立完整的嬰幼兒特殊教育理論架構。

壹、幼兒教育理論

　　國外對幼兒教育有研究、有貢獻的學者相當多，試就其重點加以歸納整理，約可分有哲學或道德理論、發展或常模理論、心理分析理論、補償教育理論、行為學派理論、認知心理理論等六種不同理論方向，茲分別討論於下。

一、哲學或道德理論

本理論視幼兒教育為父母教養子女的擴延，其目的在使孩子有進入社會扮演社會角色的適當能力，此概念來自德國的J. A. Comenius，他認為人類生來即已具有知識、道德、宗教等能力，若能及時啟發培植，這些能力自然會展現。在教學上強調模仿自然與直觀經驗的教育，而教育的結果在於獲得應付生活的知識。到了後來的F. Froebel（1896）更彰明其教育目的中的培養良好社會適應關係一項，因為人既為社會動物，則不可能脫離社會而獨自生活，所以社會化的能力，便成為本理論重視的一項。

二、發展或常模理論

發展心理學觀點在以一般常態兒童成長系列階段的平均狀況、常模為依據，作為孩子發展的指標。並且認為教學只有在幼兒已發展到有學習的準備時才可能產生效果，所以教師和家長在試著教某些工作之前，應確定孩子已達適當的發展階段。也就是確實掌握幼兒已具備學習該項工作前應有的準備能力後，所進行的教學才可能具有意義。若在幼兒未具備應有的學前能力時，就進行教學，則其教學將會是無意義的活動。Gesell（1940）和他在耶魯大學的同事在這方面的研究，是此一理論最有力的依據。

三、心理分析理論

本理論以人格心理學和心理動力學的架構為主。早期以佛洛依德的理論為基礎（Freud, 1938），然而精神分析學派較重視早期偏歧人格發展現象，雖說亦能做為防患於未然的功能，然自

從Erikson（1950）社會心理學觀點出現後，即慢慢地改採他的
理論為基礎。Erikson認為人格是透過社會心理行為階段的發展
與滿足而逐漸形成。在其人生八階段的每一過程，皆有正向與負
向兩種發展的可能，但不致於出現極端的正向或負向發展。不管
是他們中的那一位，都有個共同點，即強調早期發展對未來發展
的影響。若早期階段的人格發展固著或停止在某一階段的發展上
、或其人格發展阻礙或扭曲嬰幼兒的正常發展，都將對該嬰幼兒
未來的人格發展產生不利的影響。故在嬰幼兒的教養上強調幫助
嬰幼兒在儘可能健康的情形下，通過各種不同的心理動力階段，
以防止在任何心理動力的發展階段時人格固著，或過度偏歧發展
，並鼓勵與准許嬰幼兒依自然的反應去做反應，使人格順利發展
。

四、補償教育理論

　　國家辦理社會福利的觀點，認為若有一個國民因其個人家庭
或環境條件不利的影響，導致其能力未能充分發揮，這將是整個
社會的損失。所以利用社會資源或政府能力，去辦理社會福利，
以協助這些後天不利者。此一投資的真正獲得利益者是整個社會
，而非僅是表象中的受協助者。基於此一觀念，針對嬰幼兒教育
，便出現所謂的補償教育理論。因為他們認為嬰幼兒生活中的家
庭文化和環境確有不適當或不理想的情況存在。為了協助解決此
種情況，應利用正規的嬰幼兒教育幫助這些幼兒，以補償他們背
景上的不利，讓他們具有的潛能充分發揮，使個人及社會皆能同
時蒙利。當年Margaret Macmillan（1919）在英國創辦了第一
所保育學校（nursery school），美國的Head Start都是秉承此

一理念辦理的嬰幼兒教育機構。

五、行為學派理論

　　行為學派心理學較強調人類行為是學得的結果。他們認為人類行為既為學得的結果，則就應可以透過訓練的方式，協助人類學得各種需要的行為。當然此種教育或訓練必得有計畫，依據行為學派的增強學習理論，計畫與安排嬰幼兒的環境使嬰幼兒產生被期望的行為。B.F. Skinner（1953）是此一理論的重要倡導者。嬰幼兒教育工作者利用行為學派心理學的理論及相關的技巧如增強、報酬、可觀察行為的仔細瞭解、技能基準線的測量等進行嬰幼兒的教育與訓練，促使嬰幼兒朝向較成熟的方向發展，成為被社會所接納的個體。Bereiter & Engelmann（1966）即據此設計了幼教方案。

六、認知心理理論

　　Jean Piaget（1952）為此一理論的代表者。從其對人類認知能力發展的研究，確定嬰幼兒的認知模式與成人的認知模式大不相同。因而嬰幼兒的學習不能以成人自己的觀點來對待，而應以嬰幼兒的認知模式及層次去協助嬰幼兒達成學習的效果，完成成長發展的意義。如嬰幼兒的認知發展多數在感覺動作與運思前期，則在教學過程就應注重具體物的操作或實境的運用，太多抽象說明不具有任何意義，對嬰幼兒的學習可能沒有什麼幫助。

　　上述六種理論各有其可取之處，均值得研究者深究其精神，分析其優點，在教學上能擷取優點，以符合學生個別差異，達成教學效果。

貳、特殊教育理論

特殊教育經過無數學者的辛勤灌溉與耕耘，已有不少的成果，特摘要討論對特殊教育影響較大的個別差異、早期介入、最少限制環境、工作分析等概念。

一、個別差異

整個教育界幾乎都已具有「人類有個別差異」的觀念，但限於環境條件及個別習慣的影響，多數的教育體系仍常有「一致」的要求。正因如此，特殊教育就更要彰顯其對「個別差異」的重視。特殊教育的對象因其障礙的懸殊，個別差異的跡象就更顯著，他們學習的需求互不相同，在內容、方法都應該要有極大的差異。人類除了互相間的差異外，每一個體的內在能力也是參差不齊，某些能力較佳，某些能力較差，並非一致。特殊教育工作者若不能在這方面多下工夫，無法滿足障礙學習者間的外在差異，及其內在差異，則其教育的效果就將會被打上問號。

二、早期介入

發展心理學與幼兒教育的研究者都強調早期教育的重要性及其功能，認為嬰幼兒早期的經驗對後來的發展具有重大的影響。嬰幼兒特殊教育更是重視此一觀念，一個具有特殊需要的嬰幼兒，若能在其發展的關鍵期，給予適當的教育或合宜的學習環境，則有可能改善其殘障的情況或程度，至少也能使其障礙現象不致於再惡化。特殊教育在推展的過程中，也因發現錯過早期教育的

機會，往往會使障礙者的學習產生事倍功半的結果，所以從事特殊教育的工作者，也都積極地倡導早期介入的觀念，這也是嬰幼兒特殊教育最重要的依據。

三、最少限制環境

此觀念的意義，在於強調讓障礙者有充分發揮其能力的機會，不要因環境條件的限制，使障礙者的潛能無法激發引導出來。此一最少限制的「環境」，應同時注意硬體環境與軟體環境二部份。硬體環境指的是各項設施，希望不要因建物與空間環境的影響，使障礙者的學習受到限制。軟體環境常是討論最少限制環境容易忽略的部份。所謂最少限制的軟體環境可包含教材、教法及教師心態等部份。教材教法是否符合障礙學習者的層次，學習者是否有能力接受，是否能瞭解。教師在心態能否以合宜的態度去面對學生的障礙，除了不過份要求，造成苛求外，也不致於低估他們的能力，使他們沒有學習的效果，而造成時間與能力的浪費。

四、工作分析

工作分析的觀念借用自工廠的作業分析，主要是將學習材料分析成小步驟，做為教學的細目，然後按步就班的進行教學。若套句體育教學的慣用語，即所謂的分解動作，先做分解動作教學，再做整體教學。特殊教育運用此觀念進行教學計畫，將所要教學的材料分解成許多小步驟以便教學。同時也分析每份教材，在學習該份教材之前，應該具備有那些能力，才能順利達成學習的效果。另一分析的觀念則為對兒童能力的分析，藉以掌握兒童既

有能力所在、障礙限制的情況及有效的學習管道。若能如此，就能掌握所選之教材是否符合障礙者的學習能力，而預見到其可能的學習結果。

參、嬰幼兒特殊教育理論

對幼兒教育與特殊教育的理論稍作瞭解以後，回過來討論嬰幼兒特殊教育的理論時，不得不說一句話，嬰幼兒特殊教育今日所有的理論，尚未有那部份能說是獨自發展成功的，它的理論幾乎都是融合幼兒教育與特殊教育兩者的理論。然而，這不為過，本來教育的理論就是互通的，更何況特殊教育為一應用的社會科學，嬰幼兒特殊教育亦同，運用其他學門的理論，正也是其特色，祇是應將其融會貫通，才不致有誤用的結果。本書將在後面的章節中，仔細討論之。

第六節　結論

本章針對嬰幼兒特殊教育的基本觀念，從嬰幼兒特殊教育的意義談起，順序討論了影響嬰幼兒特殊教育發展的因素、嬰幼兒特殊教育的重要性、嬰幼兒特殊教育的發展經過、嬰幼兒特殊教育的理論基礎等範疇。在每個範疇內，儘可能分從嬰幼兒教育、特殊教育、嬰幼兒特殊教育三個部份來討論。因為嬰幼兒特殊教育在本質上，根本無法與嬰幼兒教育、特殊教育完全切斷關係。事實上，嬰幼兒特殊教育與嬰幼兒教育、特殊教育是互相關聯，

無法區隔的。經過這樣的討論，應該已將嬰幼兒特殊教育的基本概念全盤呈現。具備這些基本觀念後，在往後的討論將比較容易了解體會。

討論問題

一、何謂嬰幼兒特殊教育？您認為國內影響其發展的因素有那些？

二、從美國嬰幼兒特殊教育發展的情形看我國嬰幼兒特殊教育發展，您個人有何想法？

三、針對嬰幼兒特殊教育發展的必要，您的意見如何？

參考書目

Ackerman, P., & Moore, M. (1976). Delivery of educational services to preschool handicapped children. In T. Tjossem (Ed.), Intervention strategies for high risk infants and young children. Baltimore, MD: University Park Press.

Ball, T. A.(1971). Itard, Sequin & Kephart: Sensory education–A learning interpretation. Columbus, OH: Charles E. Merrill.

Barnard, K. (1976). Nursing: High-risk infants. In T. Tjossem (Ed.), international review of research in mental retardaton (Vol.6). New York: Academic Press.

Bayley, N. (1968). Behavioral correlates of mental growth: birth to thirty-six years. American Psychologist, 23, 1–17.

Bell, R. (1974). Contributions of human infants to caregiving and social interaction. In M. Lewis & L. Rosenblum (Eds.), Teh effect of the infant on its caregiver. New York: Wiley & Sons.

Bereiter, C. & Engelmann, S. (1966). Teaching disadvantaged children in the preschool. Englewood Cliffs, NJ: Prentice–Hall.

Bergman, P. & Escalona, S. (1949). Unusual sensitivities in young children. Psychoanalytic Studies of Children, 332–352.

Blatt, B., & Garfunkel, F.(1969). The educability of intelligence. Washington, DC: The Council for Exceptional Children.

Bloom, B. (1964). Stability and change in human characteristics. New York: Wiley.

Brazelton, B., Koslowski, B., & Main, M. (1974). The Origins of reciprocity: The early mother-infant interaction. In M. Lewis & L. Rosenblum (Eds.), The effect of the infant on its caregiver. New York: Wiley & Sons.

Bricker, D., Seibert, J., & Casuso, V. (1980). Early intervention. In J. ogg & ,P. Mittler (Eds.), Advances in mental handicap research. London: Wiley & Sons.

Caputo, D., Goldstein, K., & Taub, H. (1981). Neonatal compromise and later psychological development: A 10–year longitudinal study. In S. Friedman & M. Sigman (Eds.), Preterm birth and psychological development. New York: Academic Press.

Cicerelli, V., Evans, J., & Schiller, J. (1969). The impact of Head Start on children's cognitive and affective development: Preliminary report. Washington, DC: Office of

Economic Opportunity.

Clarke, A., & Clarke, A. (1976). Early experience: Myth and evidence. New York: The Free Press.

Cole, J., & Gilkerson, L. (1982). Developmental consultation: Teh role of the parent/infant education in a hospital/community coordinated program for high risk premature infants. In A. Waldstein (Ed.), Issues in neonatal care. WESTAR/TADS.

Consortium for Longitudinal Studies. (1978). Lasting effects after preschool. (Final report of HEW grant 90c–1311.) Denver: Education Commission of the States.

Denenberg, V., & Thoman, E. (1976). From animal to infant research. In T. Tjossem (Ed.), Intervention strategies for high risk infants and young children. Baltimore, MD: University Park Press.

Dewey, J., & Dewey, E. (1962). Schools of Tomorrow. NY: Dutton. Erikson, E. (1950). Childhood and society. NY: W. Norton.

Field, T., Dempsey, J., & Shuman, H. (1981). Developmental follow-up of pre-and postterm infants. In S. Friedman & M. Sigman (Eds.), Preterm birth and psychological development. New York: Academic Press.

Freud, S. (1938). The basic writings of Sigmund Freud. New York: Modern Library.

Froebel, F. (1896). The education of man. NY: Appleton and

Co.

Gallagher, J., Beckman, P., & Cross, A. (1983). Families of handicapped children: Sources of stress and its amelioration. Exceptional Children, 50, 10–19.

Gesell, A. & Ames, L. (1937). Early evidences of individuality in the human infant. Scientific Monthly, 45, 217–225.

Goldfarb,W. (1945). Psychological deprivation in infancy and subsequent adjustment. American Journal of Orthopsychiatry, 15, 247–255.

Goldfarb, W. (1949). Rorschach test differences between family-reared, institution-reared, and schizophrenic children.American Journal of Orthopsychiatry, 19, 624–633.

Goldfarb, W. (1955). Emotional and intellectual consequences of psychologic deprivation in infancy: Are-evaluation. In P. H. Hoch & J. Zubin (Eds.), Psychopathology of childhood. New York: Grune & Stration.

Gray, S., & Klaus, R. (1976). The early training project: A seventh-year report. In A. Clarke & A. Clarke (Eds.), Early experience: Myth and evidence. New York: The Free Press. Gray, S. W., Ramsey, B. K., & Klaus, R. A. (1982). From 3 to 20: The Early Training Project. Baltimore: University Park Press.

Hayden, A. H., & Haring, N. G. (1976). Early intervention for high risk infants and young children: Programs for

Down syndrome children. In T. D. Tojessem (Ed.), Intervention strategies for high risk infants and young children (p.573–607). Baltimore: University Park Press.

Hunt, H. (1981). Predicting intellectual disorders in childhood for preterm infants with birthweights below 1501 gm. In S. Friedman & M. Sigman (Eds.), Preterm birth and psyc hological development. New York: Academic Press.

Karnes, M. B. (1977). Exemplary early education programs for handicapped children: Characteristics in common. Educational Horizons, 56 (1), 47–54.

Kirk, S. (1977). General and historical rational for early education of the handicapped. In N. Ellis & L. Cross (Eds.), Planning programs for early education of the handicapped. New York: Walker & Co.

Klars, M., & Kennell, J.(Eds.) (1976). Maternal-infant bonding. St. Louis: Mosby.

Kopp, C. (1983). Risk factors in development. In M. Haith & J. Campos (Eds.), Infancy and the biology of development, Vol. 2. From p. Mussen (Ed.), Manual of child psychology. New York: Wiley & Sons.

Lazar, I., & Darlington, R. (1982). Lasting effect of early education. Monographs of the Society for Research in Child Development, 47, (Serial No. 495).

MacMillan, M. (1919). The nursery school. London: J.M.

Dent & Sons.

Maxim, G. (1980). The very young: Guiding children from infancy through the early years. Belmont, CA: Wadsworth.

Montessori, M. (1967). The absorbent mind. NY: Holt, Rinehart & Winston.

Noonan, M. J., & McCormick, L. (1993). Early intervention in natural environments: Methods and procedures. Pacific Grove, CA: Brooks/Cole Publishing Co.

Osofsky, J. (1976). Neonatal characteristics and mother-infant interaction in two observational situations. Child Development, 47, 1138–147.

Piaget. J. (1952). The origins of intelligence in children. NY: International University Press.

Ramey, C., Zeskind, P., & Hunter, R. (1981). Biomedical and psychosocial intervention for preterm infants. In S. Friedman & M. Sigman (Eds.), Preterm birth and psychological development. New York: Academic Press.

Roos, P. (1978). Parents of mentally retarded children—Misunderstood and mistreated. In A. Turnbull & H. Turnbull (Eds.), Parents speak out. Columbus, OH: Charles E. Merrill.

Sameroff, A ., & Chandler, M. (1975). Reproductive risk and the continum of caretaking casualty. In F. Horowitz, M. Hetherington, S. Scarr–Salapatek, & G. Siegel (Eds.), Review of child development research (Vol. 4). Chicago:

University of Chicago Press.

Schweinhart, L. J., & Weikart, D. P. *(1980). Young children grow up: The effects of the Perry Preschool Program on youths through age 15. Ypsilanti, MI: High Scope Educational Research Foundation.*

Shearer, M., & Shearer, D. *(1972). The Portage Project: A model for early childhood. Exceptional Children, 39, 210–217.*

Shirley, M. *(1931). The first two years: A study of 25 babies. Institute for Child Welfare Monographs. Minneapolis: University of Minnesota Press, 1, 6.*

Sigman, M., Cohen, S., & Forsythe, A. *(1981). The relation of early infant measures to later development. In S. Friedman & M. Sigman (Eds.), Preterm birth and psychological development. New York: Academic Press.*

Skeels, H. M., & Dye, H. *(1939). A Study of the effects of differential stimulation on mentally retarded children. Proceedings and Addresses of the American Association on Mental Deficiency 44, 114–136.*

Spitz, R. A. *(1945). Hospitalism: An inquiry into the genesis of psychiatric conditions in early childhood. Psychoanalytic studies of the child (Vol. 1). New York: International Universities Press.*

Spitz, R. A. *(1946). Analytic depression. The Psycho-analytic Study of the Child, 2, 313–342.*

Spitz, R. A. (1947). *Hospitalism: A follow-up. Psychoanalytic Studies of the Child (Vol. 2). New York: International Universities Press.*

Weber, C. U., Foster, P. W., & Weikart, D. P.(1978). *An economic analysis of the Ypsilanti Perry Preschool Project. MI: Scope Educational Research Foundation.*

Wood, M. M. (1981). *Costs of intervention programs. In C. Garland, N.W. Stone, J. Swanson, & G. Woodruff (Eds.), Early intervention for children with special needs and their families. Monmouth, OR: WESTAR.*

Zigler, E., & Cascione, R. (1977). *Head start has little to do with mental retardation: A reply to Clarke and Clarke. American Journal of Mental Deficiency, 82, 246–249.*

第2章 認知發展與問題

本章的重點在一、介紹嬰幼兒認知發展的基本概念，希望讀者讀後能瞭解嬰幼兒認知發展的一般情況，進而對這一領域產生研究的興趣。二介紹嬰幼兒認知發展理論，幫助讀者能有系統的認識嬰幼兒認知發展，以為從事嬰幼兒教育的依據。三介紹認知發展缺陷的兩種現象，智能障礙與學習障礙，使有意從事嬰幼兒特殊教育者，能真正瞭解認知發展缺陷嬰幼兒的特質，以便進一步研究教學理論。

第一節　認知發展的基礎

人類認知能力到底有那些？各家說法不一。惟基本能力應為注意力、知覺、記憶等三項，經由他們互相協調配合，人類認知能力終能逐漸發展成長。

壹、注意力

人類任何學習必來自於對學習標的的注意，若未能有注意集中於標的的能力，則一切學習就不易有效果。這就如羅思（Ross, 1976）的觀點除非能集中注意力於學習的相關內容，否則學習不可能產生。這還包括了對刺激的選擇，人定得有辨別學習內容相關刺激與不相關刺激的能力，進而對相關刺激加以注意，才能產生有效學習。

選擇性注意力是個體發展認知能力的基礎，根據Zeaman跟House（1963）他們兩人的說法，個體透過注意和學習二階段去完成他的學習。所以學習之前必先有注意才行，注意又需有分辨刺激的能力，否則人類生活環境中刺激何其多，要學的沒注意，不該或不需學的卻全神貫注，那還是無法完成有效學習。Zeaman跟House（1979）在後來的研究，依觀察所得發現智能障礙兒童比非智能障礙兒童在「注意階段」花費較長的時間，且對同時出現的許多刺激，僅能注意到較少的部份。

個體在注意力上有缺陷常被認定為學習障礙（learning disabilities），過去也曾被稱為腦傷（brain damaged），或識字困難（dyslexic）、或過度活動（hyperactive）等。在行為上表現出衝動（impulsivity）、精神稍顯錯亂（distractibility）、或過度活動（overactivity）等現象。這些問題對個體的學習、認知發展都有相當大的影響，甚至因而成為特殊教育的對象，不可不小心處理。

Patton, Payne and Bierne-Smith（1986）等人根據他們從事智能障礙兒童教學的經驗，對注意力缺陷兒童的教學提供意見如下：

一、老師應在一個變化有限的尺度裡將刺激展現。譬如，將藍的正方與圓圈呈現在一個兒童面前，但大小尺寸與顏色相同不變。

二、老師應將兒童的注意固定在有關刺激上。譬如，老師可說：「注意看這兩件東西的外形，他們有何不同的地方？」

三、老師應將可能分散兒童對工作注意力的外來刺激刪除。

四、當兒童專心工作時，應得到獎勵。譬如，老師可給兒童一個具體的獎賞，如一個玩具或一個代幣，或用言辭稱讚兒童。

貳、知覺

Gibson跟Spelke（1983）二人曾寫過：「知覺是知識的開始，故是認知的基本部份。」（perception is the beginning of knowing, and so is an essential part of cognition.）可見知覺實為認知能力的重要部份，茲討論如下。

知覺不同於感覺，感覺是個體感官（sense organ）接受刺

激後的感受，沒有任何辨知意義，僅將所得刺激訊息，直接傳送至大腦。這就是初生嬰兒也能對聲音、光、味等有所反應的「感覺」能力。知覺則不同，除了感受到刺激外，同時對刺激的性質加以認知。如聽到聲音後，能區分出是鳥叫、蟲鳴、或人的話語。知覺即個體對刺激的感受給予說明解釋的能力。因此初生嬰兒無法分辨聲音是來自父母或陌生人，必需有了相當的辨認能力以後，才會有「怕生」情形。個體的知覺能力可分為視知覺、聽知覺、嗅知覺、觸知覺、味知覺、運動知覺等。這些能力皆在腦部產生，它們將感覺訊息意義化。唯「意義化」隨個體的不同而不同，個體因其不同的經驗、及留存的記憶，而對感覺訊息付予不同的意義。如被相同的力量打一下，甲可能覺得好痛，乙卻沒有絲毫痛的感受。因為可能甲從未有被打的經驗，而乙常被比這還嚴重的力道所鞭打，所以感受就不同。乙也可能因過去被鞭打的經驗已經隔了太久，不再記得，故而會有與甲產生相同的疼痛知覺。

　　個體知覺的發展與感官系統的發展密不可分。每一感官系統（視覺、聽覺、嗅覺、觸覺、味覺、運動覺）都聯結著一種知覺形式，各種知覺能力的發展依賴著不同的知覺形式。而深度、大小、形狀、顏色、光度、運動等知覺的發展依循著視知覺的能力。頻率、音量、語言等知覺的發展則仰賴著聽知覺的能力。

　　在知覺發展出現問題時，如視知覺障礙、聽知覺障礙、觸知覺障礙等等都可能造成學習上的困擾。像視知覺障礙者能看得見，卻看不懂，無法將視覺感官所得的訊息意義化，此時如只強調利用視知覺功能的學習模式，孩子便可能無法達成學習目標的要求。在國民小學中、高年級階段，很多教師常強調默讀訓練。對

一般學生而言，默讀技巧是閱讀訓練中相當重要的一項能力，惟對視知覺障礙者，要求其默讀，只有增添其困擾，而無益於學習。聽知覺障礙者也是能聽得到，卻聽不懂，同樣無法將聽覺感官所得的訊息意義化。若教師講課，全部用說的，且認為說過的學生就該知道，或照著做，則有聽知覺障礙的學生在課堂上就會無法適應。通常知覺障礙者，除合宜的訓練外，其它知覺功能的加強與配合使用，是必要的。

參、記憶

　　記憶、注意力、知覺三者為人類認知能力發展的基礎，透過三者的各自發展與互相結合，構成人類所有認知過程的產生。

　　人類記憶是其將周遭訊息儲存到中央神經系統的過程與結果。依發展心理學的觀點，人類記憶能力是隨著年齡與智力的成長而增進。到了相當的階段就固定。

　　Woodworth跟Schlosberg（ 1965 ）等二人，在針對短期記憶能力的研究中指出：在數字短期記憶廣度能力方面，二歲半可記二個字，三歲可記三個字，四歲半可記四個字，七歲可記五個字，十歲可記六個字，成人可記八個字。這也是電話號碼都用七個號碼的原因。Pascawl-Leone（ 1970 ）對視覺刺激反應的研究亦得到相同情況的結論。

　　人類記憶能力容量固然有限制，但記憶材料與材料展現當時的情景亦將影響記憶效果。皮亞傑就相當強調實際操作的功能，若一件事經由記憶者親自參與或操作過，則較易記憶。若記憶材料與過去儲存的記憶內容相類似，或過去有相類似的經驗，也會

增進記憶的效果。

Robinson跟Robinson（1976）二人將記憶區分為三階段：

一、譯碼encoding

個體將所接收到的外界訊息轉換成為本身所能瞭解的符號（sign）或表徵（symbol）。這與前面所提到的知覺相同。

二、儲存storage

即個體將第一階段譯碼取得的資訊保存於腦部。腦部分有許多記憶區，為較小，而功能特殊的神經系統。這許多區域幫助一個完整事件的記憶，在一個完整事件的記憶裡，每個區域（或系統）皆有其不同的貢獻。雖然研究證明記憶是分區儲存，如語文儲存在左半腦。若此區受傷，則可能成為失語者（aphasic）（Springer &Deutsch, 1985）。然一份資訊也可能分別儲存在腦部的不同區內（Squire, 1987），若此部份的研究能更深入，應有助於記憶的保存與恢復。

三、恢復retrieval

個體將儲存於腦部的資訊再展現出來。即將原來儲存在腦部的資訊，再次叫喚出現在個體本身的意識中。

根據Squire（1987）研究得知，人類的神經網路與結構會改變的，它們將因少用而萎縮，多用而增強。他研究動物所得為：若在早期有一隻眼受傷，造成其受訊機會減少，則另一隻未受傷的眼睛將會因而與腦部有較多的神經網路接觸。

從健忘症（amnesia）的研究發現（Thurman & Widerstrom, 1990），健忘症患者的短期記憶能力，並不因其神經系統的傷害而受影響，其長期記憶能力就因神經系統的傷害而受到影響。可見長期與短期的記憶能力各有不同的神經化學過程。不過長期記憶與短期記憶如何連結，尚待研究。Squire（1987）認為，長期記憶的建立，應是來自神經網路連接的改變，亦即一些成功的生化改變：如新陳代謝的改變，終結架構的改變（the resulting structural change），分子組合的改變-如腦蛋白質組合會影響長期記憶（Davis & Squire, 1984），若組合蛋白質且移到神經網路上，將對短期記憶轉入長期記憶有所幫助等。

　　人類認知能力當不止有這三項，但這三項卻是最基本的能力，他們完整的發展與交互協調組合，就能完成更複雜功能的認知能力發展，滿足人類適應環境的需要。

第二節　認知發展理論

　　有一位父親，當他看到他幼兒所畫的一幅圖畫，畫中同時出現月亮與太陽時，他就問道，為什麼月亮與太陽兩者從不同時在天上（即使同時出現，也因太陽的強光，而無法看到月亮），而他的幼兒卻將兩者同時畫在於圖畫中。幼兒無法從他自己所畫太陽與月亮的圖裡，看出任何不合宜的地方。然而，父親卻對世界有一個不同的認知或實體觀點。此一則故事強調一個兒童與成人認知上質的差距的事實。討論認知發展，已不能再把嬰幼兒、兒童當為成人的縮影了。一些學者已經想出些理論來說明認知發展的模式，此地將介紹兩家理論：Hebb認知模式（Hebb's model of cognition ）與 Piaget 認知模式（ Piaget's model of cognition ）。

壹、Hebb認知模式

由Hebb（ 1949 ）提出的神經生理發展理論，對說明神經結構與認知發展的關係特別有幫助。雖然Hebb理論是在一九四○年代末期就發展出來，但到今日依然有用。

環境刺激如何影響個體認知發展，Hebb認為從出生開始，感官輸入一再反復，終使接鄰的神經細胞形成一個單位或細胞組合。人類透過神經細胞提供神經衝動的傳送，從一個神經元沿著樹狀突與細胞核，然後通過另一個神經元到下一個神經細胞。當中樞神經系統的刺激持續增多時，這些細胞組合就統合成較大單位。Hebb將此一流程歸為階段順序（ phase sequences ）。

階段順序利用細胞組合重複經驗成長，及提供知覺整合的基礎。當階段順序重複使用成為階段循環時，知覺連結和概念顯現於是產生。階段循環包含與較高認知功能（ 如概念形成與推理能力 ）結合的認知結構，Hebb認為對細胞組合、階段順序、與階段循環的發展，不僅早期刺激是必要的，持續不斷的刺激以保持其最大功能，更不可少。Hebb的理論支持提供幼兒刺激認知成長環境的必要，因為環境對兒童神經系統發展是極重要的。Hebb的理論提供一個早期介入的理論基礎。這觀念經由早期對環境不利研究證明不僅影響嬰幼兒往後知覺過程的發展，甚至還可能變更幼兒的生理結構（ anatomical structures ）。

Held跟Hein（ 1963 ）從事剝奪小貓早期生活視覺動作經驗

的實驗，發現當其成長後，在視覺動作領域表現出有障礙的現象。學者Reisen, 1965從對於猴子在環境缺乏有意義的視覺刺激與減少光亮度的研究，發現出視覺結構實際萎縮的現象，更令人吃驚。雖然倫理觀點阻止研究者從事人類嬰兒的實驗，但有些研究證明一個剝奪嬰兒與幼兒感官和情感經驗的環境，將會使他們在測驗診斷上的表現有障礙現象（ Dennis & Najarian, 1957; Kearsley, 1979; Skeels & Dye, 1939 ）。同樣的研究亦顯示假如環境變得更充滿刺激，則補救效果亦可能產生。持續的環境剝奪對認知功能發展易造成障礙現象。更應注意的是對認知成長的促進，不僅是刺激的量，刺激的質也重要。吵鬧的、沒組織的、或喧騷的環境雖也提供了刺激，但那是錯誤的刺激，儘管是很多的刺激，惟對嬰幼兒認知發展並不具有實質意義。

貳、Piaget認知模式

　　Piaget長期研究幼兒認知過程的改變。他的研究方法不僅是盡可能客觀單純地詳細觀察兒童的行為，他還實際操作情境，以測試兒童的反應。譬如，注意他的男嬰孩吸吮母親奶頭時，Piaget提供他一個毛毯的邊緣，以瞭解他是否仍強有力地吸吮奶頭，而不受影響的表現。對較大的兒童，Piaget觀察他們學習工作的方式，同時小心地詢問他們，以了解他們的思想流程。他對認知心理學至少有二個重要的貢獻：

一、知識的建構理論，它強烈地影響美國教育思想，中國的教育亦深受其影響。

二、研究方法論，它合併了兒童研究中，自然觀察與實驗技巧二

種方法。本章僅就其認知理論方面加以介紹。

Piaget相信每個人建構其對世界的知識，皆經過外在環境和內在認知過程二種方式。根據Piaget看法，兒童建構新知識是由一個類化得自環境的資訊，再與原有觀念組合成新知識的流程來完成。

Piaget理論已經相當普遍地被瞭解、接受與應用。然而，他的某些概念卻常被忽視、誤解或誤用到教育上，學習者不能不慎重。茲簡介其主要理論於下。

一、平衡觀念

Piaget相信不平衡狀況是產生學習所必要的。當嬰幼兒在類化一個與現存認知架構相衝突的資訊時，不平衡即出現。不平衡出現，即造成嬰幼兒認知上的衝突。此衝突引起嬰幼兒質疑先前的認知，因而或許變更先前的認知以適應此一新觀念，或許放棄此一與現存認知架構相衝突的新資訊，當做未曾接受過此新資訊。惟就成長的觀點，若新資訊沒明顯的不合宜情況存在時，通常皆以前者，即變更先前的認知以適應此一新觀念，為正確的方式。當兒童對事情的認知達到一個新的理解水準，平衡就再次建立。此不平衡的流程意謂著新資訊併入現存認知結構中，擴展認知機構與增加兒童才能以達更複雜的功能階段。此求取平衡的過程可視為兒童認知發展成長的重要步驟。Piaget敘述這過程如同「知識螺旋」（Gallagher & Reid, 1981），因為新知識的類化是在先前存在的知識結構中併入新觀念。已經存在概念的修飾透過與環境的互動將兒童帶到一個較高層次、較進步的知識水準。

下面的例子可能有助於釐清不平衡的流程；當一個問題呈現

於兒童的面前時，他先試著由類化來解決它，即先使用現成可用的策略，如策略有效，則認知結構就沒必要修正，若策略無效，則認知結構就有必要修正。當兒童已經能將紅色，藍色，與黃色依形狀分進方形、圓形的不同堆裡，此時再呈現一個藍方形，要求兒童再把它與其他的方形堆放在一起時，他們或許不會有多大困難。然而，此時如對兒童呈現一個藍色三角形，要求兒童分類時，問題就不是那麼容易解決了，因為沒有相似形狀。分類系統亂掉了，簡單的類化已不能解決這一問題。這衝突表示經由試著區分三角形與方形、圓形造成兒童不平衡的狀況，兒童可能運用許多其個人經驗中已有的解決方法。若舊有經驗中已有的解決方法，不能順利圓滿解決衝突時，他可能忽視其衝突，而將三角形放置於方形堆中，或單獨放在一新堆裡。此些解決方法，保持現存策略、對現存策略或結構加以極小的調整，目的皆在化解衝突。Piaget稱之為阿發（alpha）行為（Piaget, 1977）。

　　兒童可能改變他們的策略，不採用忽視問題的保持現存策略技巧，使能較合理地解決新出現藍色三角形的分類困擾。他們可能決定經由顏色分類，而非形狀分類，以此消彌衝突，同時擴展他們的分組策略能力。這種解決方法，包含類化與調適兩種能力的同時運用。此一修正現存結構的策略，被稱之為貝它（beta）行為（Piaget,1977）。

　　第三個解決方法是等兒童已經形成經由顏色、或大小、或厚度分組能力後才呈現該藍色三角形，如此就沒有衝突出現。此種將全部可能遭遇的行為，在事前妥為訓練的準備方式，被稱之為伽瑪（gamma）行為（Piaget, 1977）。

　　此三種平衡狀態，對考慮智能障礙嬰幼兒教育的需求時極為

重要。極小幼兒常使用較簡單的阿發行為，在平均認知功能水準的嬰幼兒則能獨立發展具它和伽瑪的平衡行為，智能障礙嬰幼兒則不能。當為教師者應瞭解嬰幼兒反應層次，並儘量鼓勵其具它行為的表現、喚起注意、改變策略、示範改變策略等等。教師也應知道伽瑪行為的表現對智能障礙嬰幼兒來說，是非常困難的，因他們實在不易事前就學好各項可能遭遇的必要行為。若能對已被界定為智能障礙嬰幼兒的行為加以仔細地觀察，將有利於對可能是錯誤診斷的改進。

二、操作觀念

　　另一個被誤解的Piaget思想即操作觀念。Piaget界定操作的定義，認為它是兒童完成心智的動作，它是可轉換的（Ginsburg & Opper, 1979）。就如加法，兒童能完成它的相對行動—減法。Piaget將兒童知識的架構分成操作與非操作二部份。Piaget的階段包含二個前運思期—感覺動作期與前運思期，與二個運思期—具體運思期和形式運思期。很多人確信只要提供兒童生理操作物體的機會即是將Piaget理論應用到教育上，其實那是不對的。當Piaget研究兒童與物體的互動時，他將焦點集中在兒童的心智活動上。兒童在操作物體時，常思考著物體及其如何工作，觀察它們間的更換（如當溫度改變時，水變冰，冰又變水）。然後預測他們將發生的現象—這些心智活動，對於新知識建構，比實際生理操作更重要。這為老師提供明確的意義，那就是鼓勵兒童思考他們環境中的物體與事件是教學的重點。一個可行的方法是讓兒童忙於回答開放式問題的活動。另一個方法是提供給每個兒童非正式實驗物體的機會。即使是智能障礙幼兒也能從嘗

試錯誤方法中得到學習。特別是依循此一方法指導他們。這樣的幼兒在決定反應方式或反應內容的選擇時，需要老師更多的指導，若認為此些幼兒的學習只經由外在增強的方法才能得到，那是低估他們。

幼兒園幼兒通常在感覺動作期與前運思期階段。正常發展兒童大約要十八個月到兩年的時間，才通過感覺動作期（從出生開始）與另外五年時間（到七歲）完成前運思期的階段發展（Flavell, 1977; Ginsburg and Opper, 1979; Piaget 1952）。一個發展遲緩幼兒，跟沒有障礙幼兒一樣通過相同的次序，祇是可能以較慢的速率通過相同的階段，較早終止發展的活動。進展的速率和發展的最後水準受限於障礙的嚴重程度（Gallagher & Reid, 1981）。輕度障礙者，通常可達到具體運思階段；中度障礙者，通常可達到前運思階段；重度障礙者，通常不太可能超越感覺動作階段（Inhelder, 1968）。茲特別說明感覺動作期的發展特色如下：

一、感覺動作期The sensorimotor stage

Piaget相信初生嬰兒的神經系統具有自動反射能力，但很快即由嬰兒加以控制。反射動作助嬰兒類化越來越多有關周遭世界的訊息；視覺的、聽覺的、觸覺的，並據而修定他們的行為。就如嬰兒不管什麼東西碰到嘴，他就開始吸吮。初期，它是反射動作，但不久在他學會慎重地實驗新事物時，他會先用嘴去檢驗新事物，而不再只是吸吮的反射動作。當嬰兒熟悉的物體越來越多，他越能修正行為去適應新資訊。如為一個像橡膠球大的物體張

大他們的嘴，卻合著他們的嘴去配合自己手上的大拇指。當嬰兒發展出以他們的手、嘴、眼睛與耳朵去探究物體時，這些行動是感覺動作智慧的初現，要等他們能夠獨自地透過心智活動去學習，那將是多年後的事。其實就是到了成人階段，人們仍然常運用生理實驗方法去學習許多事物。

　　Piaget不斷地修正其認知發展理論。直到他去世前幾年才發展出知識的螺旋概念。雖然他不想用它來取代階段理論，但他還是認為在敘述知識建構的流程時，螺旋概念比嚴格區分功能層次的階段論好。Piaget相信在永久性（permanence）、終結關係（means-ends relationships）、因果律（causality）、空間關係（spational relationships）、模仿（imitation）、遊戲（play）等六個不同領域的感覺動作發展所得，能協助認知的向前發展。

階段Ⅰ　反射期（出生～一個月）

　　在此階段嬰兒反射行為透過行為的活動與新形態而修正。在此階段，剛出生嬰兒即有強力吸吮反射，而初期吸吮反射是因乳頭引起的。然後，嬰兒學著將此反射應用於其他情境中，如吸吮毛毯的邊緣。

階段Ⅱ　基本循環反應（一～四個月）

　　當嬰兒行為意外地帶來了有趣的或有利的結果，它將透過嘗試錯誤的方法，一再重覆直到它成為習慣為止。如嬰兒學會將手放到嘴裡，然後吸吮拇指。此階段引起反應的來源，都集中於嬰兒本身的身體。

階段Ⅲ　第二循環反應（五～八個月）

　　此時嬰兒開始爬與操弄物體等橫面的擴展。此階段的循環反應被稱為「第二」的原因，在於引起反應的來源已擴延到外在環

境的事件或物體，而不再只針對嬰兒本身的身體而已。第二循環
反應時，嬰兒已有能力重複其意外發現到有趣或有利事件的結果
。

階段Ⅳ　第二基模的統合（八～十二個月）

在此階段，嬰兒的行為開始有個目標在心中，所以行為較以
前具目標導向，而非如階段Ⅲ純屬嘗試錯誤結果的意外發現。已
能將以前學得的行為應用到新的問題上，以完成目標。它是將舊
方法運用到新情境的技巧。

**階段Ⅴ　透過活動實驗發現新方法（第三循環反應）（十二～十
八個月）**

行為已不再強調以前曾學過什麼。因幼兒已開始學會走路，
能主動去找尋新奇的事物。幼兒已對那些能幫助達成某些目標的
個人身體與物體缺乏興趣，而對物體之所以為物體好奇，及渴望
學習瞭解每件事的本質。就如在此階段的幼兒，他若初次看到電
視機出現人像，他會跑到電視機後面去尋找螢光幕上的人、物。
此種對新事物本身的好奇，稱之為第三循環反應。用有趣事件代
替簡單重複的行為，幼兒開始實驗事件的變化。幼兒此時已能透
過實驗來發現達成目標的新方法。

階段Ⅵ　經過心智結合發現新方法（十八～二十四個月）

此階段幼兒已能運用心智符號和話語的能力去瞭解不在眼前
物體的存在。它可能幫助了幼兒從依賴立即的經驗中解放出來，
並介紹周遭世界，而不要再直接利用操作來解決問題。幼兒現在
開始能夠運用思考解決問題。Piaget相信那是因為幼兒已能用知
覺代表一個物體或行動，而不僅是知覺的再現。

二、前運思期（二到七歲）

運思係指個體開始有思考運作的現象，是個體內在化的一種心智活動。運思本身具有組織的作用，是一有組織、有邏輯規則的行動。它係由外在的行為或行動所引起，但其本身並不能獨立存在，需存在於一有組織的統合系統中。

前運思期則指個體進入思考運作的準備階段，皮亞傑認為人類認知能力在感覺動作階段後，緊接著就是前運思期。在此階段中，個體逐漸發展其思考運作能力。其認知發展的特徵如下：

㈠符號能力

此階段以逐漸能使用抽象符號表達或進行溝通。主要有：

1. 出現語言能力：個體發展在前一階段即已出現有語言的能力，只是該階段的語言能力都以具體物或眼前情境的簡單字彙為主。而本階段的語彙除了語句完整特色出現外，其語彙也含括了各種抽象字彙，也能描述不在眼前的各種情境或事物。

2. 建立心理意象及圖畫意象：許多具象的行為或事物，個體已經能逐漸運用心理意象或圖畫意象，將之儲存於記憶體內，並轉化成抽象的內涵。此乃語言進步快速原因之一，亦是將來學習可能的根基。

3. 出現象徵遊戲：幼兒遊戲能力在此階段有了較大的變化，過去的遊戲方式較為直接，每項玩具常就其本身功能操作把玩；現在則漸漸能擴延其功能，利用想像將它的功能提昇，如將樹葉當成青菜，玩起辦家家酒的遊戲。

4. 產生延宕模仿：在前一階段或許也會出現有類似延宕模仿

的現象，但那常是因為個體認知反應及動作較遲鈍的關係。此一階段的延宕模仿則係因為有了符號記憶功能，能將所要模仿的標的對象轉換成符號後，儲存在記憶體中，等過一段時間後再加以反應。

㈡自我中心

此一自我中心與自私型的自我中心意義不同。自私型自我中心係以利益主義為考量重點，任何事情先問是否對我有利。而此階段之自我中心則以「我」的觀點去看或解釋事物或世界，不是存有私心，只是認為我這樣想，別人一定也跟我一樣想法。我懂別人一定也懂。

㈢直接推理

幼兒在推理上，並不會有合乎邏輯的推理能力，而是就其個人的經驗，直接下斷言，進行推理。比如看到地上有水，他會因上次媽媽告訴他說是下雨的原因，直接說出因為下雨的關係，不會思考到今天有沒有下雨。

㈣集中注意於單純因素層面上

幼兒的注意力在此階段，常集中於單一現象上，無法同時兼顧到多層面的影響因素。如同時在幼兒面前展現有紅色及藍色的一樣大小三角形型板，和紅色及藍色的一樣大小圓形型板，然後要求幼兒分類活動。此時幼兒只能依照顏色或形狀作單一標準的分類，無法同時將顏色及形狀合併做多重分類。

㈤萬物皆有靈觀念出現

在此階段的幼兒認為萬物皆有靈，與人類相同。因此人類能的其他事物也能，如人類會說話，其他事物也應會說話。所有這個階段幼兒特別喜歡童話故事。同時幼兒認為周遭世界的一切，

都是由人類創建出來的，人類因而有能力改變一切。

　　從感覺動作期進入前運思期，幼兒在此階段裡並不能正確地完成心智運作。此階段，其認知活動的特色為集中（centration）。幼兒傾向於集中焦點在可用資訊的有限量上。他們傾向於集中焦點在一個問題領域上，無法考慮相關的其他領域，常忽略掉不同領域間的關係。此階段幼兒較注意情境的靜態狀況而非動態變換的狀況。前運思期幼兒思想缺乏回逆性（reversibility），所以在此階段的幼兒無法運用回逆的心智步驟。此一思想流程的限制使前運思期幼兒無法準確觀察物理世界。

　　到了七至九歲間，兒童克服了前運思期的限制特質。他們學會了非集中的（decenter）能力，能考慮問題的全部領域，他們的心智運作變得更準確。雖然如此，兒童仍然常受限於直接知覺，而不能考慮到解決問題所有的可能性範圍。他們心智的運作依靠現存且可觀察的具體物來完成，而非抽象概念。當兒童進入青年期，他們就能夠不靠操作具體物而完成心智運作和做成結論。青春期裡對高一級的本體（reality）認知　變為可能。他們想像很多事情可能發生，資料的很多說明方式可能是合宜的，他們也能夠設想多樣的選擇方案。

第三節　認知發展缺陷

一般認知發展缺陷約可分為智能障礙與學習障礙兩種。智能障礙的現象在於認知功能的普遍缺陷，而學習障礙的現象則在於認知功能的某一部份或某些部份產生障礙，特別在注意力、知覺、記憶等領域裡。由於嬰幼兒學習障礙常有爭議，特地再將它獨立出來討論。茲分別說明於下。

壹、智能障礙

對智能障礙下一定義並非容易的事，因為沒有任何一種評量標準能完整地符合不同層次障礙嬰幼兒的各種不同的行為表現。美國智能缺陷協會（American Association on Mental Deficiency簡稱AAMD，該協會於1987年更名為American Association on Mental Retardation簡稱AAMR）提出較被大家接受的定義為：「智能障礙被認為為明顯地低於均常的一般智力功能與適應行為方面的缺陷同時存在，且發生於發展階段。」（Mental retardation refers to significantly subaverage general intellectual functioning existing concurrently with deficits in adaptive behavior and manifested during the developmental period. ）（ Grossman, 1983, p.1 ）美國智能缺陷協會定義的重要性為包含偏低智力功能（智商低於平均數兩個標準差以上）和在適應行為量表上的缺陷兩者。智力功能通常是透過智力測驗的實施。適應

行為意謂幼兒在自我能力與社會責任方面能達到何種年齡標準的層次，適應行為包含感覺動作、溝通能力、自理能力、及社會化技巧。美國智能缺陷學會於一九九二年第九次修訂「智能障礙」定義時將適應技術區分為溝通能力（communication）、自理能力（self-care）、居家生活能力（home-live）、社會技巧能力（social skill）、社區活動能力（community use）、自我指導能力（self-direction）、衛生安全能力（health and safety）、實用知識能力（functional academics）、休閒生活能力（leisure）和職業生活能力（work）等十項。並認為除了智能顯著低下外，應伴隨著兩個或兩個以上社會適應技術領域相當的缺陷。

美國智能缺陷協會定義將智能障礙分成四種功能層次：輕度（mild）、中度（moderate）、重度（severe）、極重度（profound）四種。各層次的智商分數如下（Grossman, 1983）：

功能層次	智 商 水 準	比西智商分數	魏氏智商分數
輕　　度	低二個標準差	52--68	55--69
中　　度	低三個標準差	36--51	40--54
重　　度	低四個標準差	20--35	25--39
極 重 度	低五個標準差	未達20	未達25

智能障礙也常被分為可教育性智能障礙（educable mentally retarded簡稱EMH）、可訓練性智能障礙（trainable mentally retarded簡稱TMH）、及養護性智能障礙（totally dependent）。許多學校為了方便教育目的的安排，常採用此種分類法。

對未滿六歲的嬰幼兒診斷，要認定其是否為智能障礙，遠比

對進入小學以後的兒童更難。若能在三歲前即明確判認其為智能障礙者，通常皆屬較嚴重的，且都與生物學的因素有關，常屬無法用藥物治癒的障礙者。在這階段的輕度智能障礙兒並不易發現，往往要到三歲以後，進到幼兒園才可能被認定。事實上，有許多輕度智能障礙兒常是環境因素的影響。在家庭或親友間，他們不會被看成智能障礙兒。對六歲以下嬰幼兒進行診斷，其困難的主要原因實由於診斷工具的欠缺，及嬰幼兒表達能力的限制。尤其二歲以下的嬰幼兒診斷工具，即使是常用的 The Bayley Scales of Infant Development，其預測的效度都偏低，更不用談其它的工具。所以部份人士選擇用「發展遲緩」（developmental delay）一詞以替代「智能障礙」來描述未滿六歲的嬰幼兒認知能力問題。

民國八十一年我國特殊教育法施行細則修訂草案中有關智能障礙的建議為：

「本法第十八條第一款所稱智能障礙，指依標準化適應行為量表上之評量結果與相同實足年齡正常學生之常模相對照，其任何一個分量表之得分，位於百分等級二十五以下，且個別智力測驗之結果，未達平均數負二個標準差者。前項智能障礙，依個別智力測驗之結果，分為左列四類：

㈠輕度智能障礙：個別智力測驗之結果在平均數以下二個標準差至三個標準差（含）之間。

㈡中度智能障礙：個別智力測驗之結果在平均數以下三個標準差至四個標準差（含）之間。

㈢重度智能障礙：個別智力測驗之結果在平均數以下四

　　個標準差至五個標準差（含）之間。

㈣極重度智能障礙：個別智力測驗之結果未達平均數以

　　下五個標準差。

對智能障礙的定義，特殊教育界已經越來越重視適應行為問題的
影響，讀者應注意此一發展。

　　茲分別討論智能障礙者的特徵與成因於下

一、特徵

　　重度及極重度智能障礙者的特徵相當明顯，這些幾乎都在幼
兒階段即可明確的界定。輕度及中度者就比較不明確，要正確的
界定他們，往往需要較長的時間。然大體上他們皆有些共同的特
徵如下：

㈠認知與語言發展遲緩：在許多領域的發展上，與同年齡階段的
　　嬰幼兒相比，出現較遲緩的現象。

　1.知覺無法依一般速率發展，其結果常可看到在身體控制和手
　　眼協調的發展較慢。

　2.所需說話和語文技巧，其發展的速率也較緩慢，以致影響了
　　溝通的能力。表達語言較欠缺，常常只有單字句的能力。無
　　法對他人的語言刺激做出適切的反應。

　3.認知發展較遲緩：也即一般所說的智力低下。

㈡社會與情緒行為發展較為緩慢。

　1.無法分辨情境：同年齡階段的嬰幼兒已能辨識的情境，並依
　　情境決定行為，而智能障礙嬰幼兒則無法辦到。

　2.無法遵守規範：因認知發展遲緩，不瞭解規範的意義，而出

現違規的行為。

3. 無法辨認行為意義：對行為的目的、結果、影響、及意義，因認知發展的關係，無法達到同年齡階段嬰幼兒的水準。

4. 分不清物的所有權：因對所有權的認知發展較遲緩，而出現強奪別人物品（如玩具、食物）等的行為。

5. 無法瞭解他人意思（或要求）：因認知發展遲緩或溝通能力不足，對他人的意思或要求，出現不理會、答非所問或反抗的行為表現。

6. 仰求外助：做任何事情都希望得到他人的幫助，尤其是來自父母親或身邊成人的協助。

7. 沒有求成或工作動機：沒有學習或工作的意願，即使開始去做，也常常有頭無尾的半途而廢。當被要求從事一件工作或學習時，很容易聽到其「不要」的口語反應。

8. 忽視他人欲與互動的表現：較少與他人眼神的接觸，或缺乏參與他人活動、事件的能力。常排斥與他人（不論成人或同儕）的社會互動。

㈢學習策略不佳：或謂學習方法不當，因學習方法不對，以致學習效果緩慢。

㈣注意力缺陷，注意力短暫。無法集中注意力於該注意的對象，或雖能注意到該注意的標的物，卻維持不了多久就轉移其標的物了。

㈤學習遷移能力差：在甲情境學會的能力，無法在乙情境中運用。比如學會「學習」一詞，但當「學」字出現在「學校」一詞時，他就不認得了。

㈥易有自我刺激（self-stimulating）或刻板行為（stereotypical

behaviors）的傾向，嚴重者甚至會有自我傷害（self-injurious
）（如咬自己的手直到破皮、或頭不停地撞牆）的表現。

(七)動作發展遲滯的現象在重度障礙的嬰幼兒特別明顯，其特徵表
　現在協調、平衡與動作控制方面。若是其發展障礙出現在早期
　的知覺動作期，很可能就無移動的能力。

二、成因

　　決定智能障礙者的成因是件相當困難的工作，大約只有百分
之十五智能障礙者能確定原因。若能確定原因，則其障礙程度可
能都比較嚴重，多數屬於重度者。多數的智能障礙者屬於輕度障
礙，這些常是較無法瞭解其成因的一群。目前多數人認同的成因
有：

(一)腦傷

　　它是由於特別的疾病、傳染、外傷所引起的，而他們障礙程
度似乎都較嚴重。

(二)染色體與基因異常

　　如道恩氏症候群係因染色體異常所引起的現象。

(三)藥物後遺症

　　通常以懷孕期間，母體食用不宜或不當藥物，所造成的結果
，如酗酒，或某些成藥中含有不利胎兒發展的成份等皆有可能。

(四)新陳代謝異常

　　如苯酮尿症即為一種罕見的先天新陳代謝異常症狀，如沒在
嬰兒階段發現，及早給予特殊食物治療，以後很可能發生嚴重的
智能障礙。

(五)家庭文化因素（cultural-familial causes）

多數輕度智能障礙者的成因並不容易瞭解，他們常被認為是因家庭文化關係或環境因素所引起。

今天，多數的專家同意一個人智力功能的水準已不再是環境與遺傳間的爭議問題了，至少有部份的智力功能與學習能力是家庭與學校訓練的結果。當兒童在發展智能時，他們需要刺激與營養。經由對Head Start幼兒和其他文化不利環境下幼兒的長期研究發現，只要提供適當的學前經驗刺激，他們的智力功能確能提昇。

貳、學習障礙

早期學習障礙的研究，偏重在腦傷方面，後來才逐漸切入學習障礙領域的討論，因此，兩者之間在發展上的關係可謂相當密切。而研究上的發現，兩者的關聯亦是密而不易區分。

當兒童表現出過動（overactive）、強迫性（impulsive）、精神散亂或錯亂（distractible）等行為，就會被加上各種的標記，如：腦傷（brain damaged, brain injured），過動兒（hyperactive），學習障礙（learning disabled）等等名稱，他們常被描述為有輕微腦功能損傷（minimal brain dysfunction）、識字困難（dyslexia）、注意力缺陷症（attention deficit disorder簡稱ADD）等症狀。這些兒童常由被醫師用一種名為Ritalin（methylphenadate）的藥物使之平靜下來。

雖然這些描述的對象大致相同，惟在注意力缺陷症與學習障礙二者之間仍然稍有差異。注意力缺陷症的用詞來自神經心理學

和精神病學兩領域人士，而較不被行為心理學者所認同（McNellis, 1987）。學習障礙一詞較一般化，較缺乏精細的原因與預測的可能。而注意力缺陷症則較明確地界定了行為的症侯（Wodrich, 1986）。注意力缺陷症診斷的結果會發現其行為特徵與學習障礙兒童相類似，不過，一個表現出注意力缺陷症行為特徵的兒童，並不一定會是學習障礙。同樣，一個學習障礙兒童也不見得就有注意力缺陷的問題。茲將二者分別討論如下。

一、注意力缺陷症

　　美國精神醫學會將注意力缺陷症區分為含過動行為與不含過動行為兩種。都以行為敘述來界定症狀（Weiss & Hechtman, 1986）。

㈠注意力缺陷症不含過動行為者，其可能的行為表現有：

　　1. 不注意（最少有下列三項或三項以上的行為特徵）

　　　(1)常無法完成其所做的事，即做事常有頭無尾，有始無終。

　　　(2)常會表現出不注意聽，做自己的事，或思索其他的事，或做白日夢的情形。

　　　(3)容易表現出精神散漫，無精打采的樣子。

　　　(4)對要求注意力的學校作業或其它工作難於專心。

　　　(5)無法專注於遊戲活動。

　　2. 強迫行為（最少有下列三項或三項以上的行為特徵）

　　　(1)常先行動再思考，做事常不假思索，也即一般所謂衝動型的行為特質。

　　　(2)極易從一個活動更換到另一個活動，類似沒耐心完成一

件工作者。

(3)對組合工作有困難（非因認知受損），無法將零件組合成一具體物。

(4)需很多的督導。做事時需人在旁提醒或督促，才能完成工作。

(5)堂上常被外界不相干的事物所吸引。

(6)在遊戲或團體情境中，常無法依次序等候輪流參與。

3. 發生在七歲之前。

4. 情況出現的時間最少持續六個月。

5. 非因精神病、情緒障礙、重度或極重度智能障礙所引起。

㈡注意力缺陷症含過動行為者，其可能有的行為表現有

1. 經常繞著東西跑或爬上爬下。

2. 無法坐好或極度的坐立不安。

3. 難於固定坐在座位上。

4. 睡覺時翻動得非常厲害。

5. 經常像被機器所操縱似的動個不停。

二、學習障礙

學習障礙兒童常在某些學習的特殊技巧上出現困難，如說話、閱讀、算術、及寫作等。他們沒有感官缺陷（如視覺障礙、聽覺障礙、肢體障礙），不是智能障礙、也不是情緒障礙。但他們在學習某些技巧上確實有困難。常因在學習潛能與實際成就之間的嚴重差距而被界定為學習障礙。

我國學習障礙的定義經教育部於民國八十一年二月二十一日以台（81）社字第零九零五七號函通令發佈。其內容為：

「本法第十五條第九款所稱學習障礙，指在聽、説、讀
、寫、算等能力的習得與運用上顯著的困難者。學習障
礙可能伴隨其他的障礙，如感覺障礙、智能不足、情緒
困擾；或由環境因素所引起，如文化刺激不足、教學不
當所產生的障礙，但不是由前述狀況所直接引起的結果
。學習障礙通常包括發展性的學習障礙與學業性的學習
障礙，前者如注意力缺陷、知覺缺陷、視動協調能力缺
陷和記憶力缺陷等；後者如閱讀能力障礙、書寫能力障
礙和數學能力障礙等。」

　　民國八十學年，教育部委託國立臺灣師範大學特殊教育研究
所組成小組，對特殊教育法及相關法令進行研修。小組於八十一
年底所提出的修訂草案，有關學習障礙部份亦完全接受上述定義
。雖說不見得所有學者專家皆同意此定義，但在國內現行的教育
行政體系下，它仍具有相當的權威效果。

　　茲說明學習障礙者的特徵於下：

㈠神經功能輕微異常

　　通常認為兒童的學習問題與腦部有關。然直到今日，對腦功
能與學習二者之間的關係，仍存在著許多未知數。目前所提出的
假設為學習障礙兒童其中樞神經無法在正常情態下，進行資訊的
取得與運用。

㈡注意力缺陷

　　1.注意力分散：無法集中注意力於應注意的事物。任何一件
　　　無關緊要的事都會吸引其注意力，而對需其注意的事物反
　　　而疏忽。

2. 注意力過度集中：其注意力常集中在一定點上。當刺激物或情境已更換後，他仍集中於舊刺激物，無法跟隨情境轉移注意力至新刺激物上。

㈢知覺缺陷

1. 聽知覺缺陷：聽覺沒問題，能聽到聲音，卻無法就聽到的聲音辨認其意義。

2. 視知覺缺陷：視覺沒問題，能看見物品或符號，卻無法就看見的物品或符號辨認其意義。

3. 觸知覺缺陷：觸覺沒問題，能感覺觸摸到東西，卻無法就觸摸的東西辨認其質地或意義。

4. 觸覺防禦過敏：當有人接近時，雖未接觸其身體，個體卻已感受到有種無形的壓力，使其承受不了，而想要將之驅散。

㈣活動異常

1. 過度活動：無法依要求維持注意力於同一工作上，不停的做出各種不同的動作，惟都與所要求的活動無關。

2. 過度退縮：不敢或不願參與別人的活動。在團體中永遠是個旁觀者。在課室內，老師若不叫他，他可能會保持旁觀，惟一叫他，他就會產生躲避或退縮的行為。

3. 強迫行為：習慣性的反覆相同行為，如不停的洗手、咬指甲，而該一行為並非為必要，不具實質意義，卻又不由自主地一再從事。

4. 衝動行為：無法在行動之前先思考一番，因而無法注意到適當的刺激，也常有不合宜的行為表現。

㈤協調缺陷

1. 動作協調缺陷：專指大動作、或精細動作協調上的障礙。
   此類兒童在使用筷子、湯匙、剪刀、繫鞋帶等動作方面常
   有困難，較不愛寫字的活動。
2. 手眼協調障礙：如擲球、接球、用手指在兩條線段之間劃
   線有困難、寫字常超出方格之外。
3. 平衡障礙：不會騎三輪車、上下樓梯，或需要他人協助。
   在平坦的地面行走，也會摔跤。在一般的活動空間裡，同
   儕皆能安然通過的巷道，他卻會碰撞到手腳出現瘀傷的情
   形。

(六)記憶缺陷

不論長期記憶或短期記憶都容易出現缺陷，在某些同年齡階
段幼兒皆能記憶的事物，他卻產生困難。

(七)人際關係缺陷

1. 跋扈行為：欺侮弱小，專橫，此些行為並非一定要有行動
   上或生理上的表現，有時僅是態度或語言上的表現。
2. 過份獨立：幼兒因不知該依循或忘了大人的要求，而表現
   出過份獨立的情況，如僅二歲大的幼兒，在鬧區中走失，
   不會因恐懼而哭叫。
3. 無法與人保持良好的社會關係：此類幼兒雖也有朋友，但
   多與年紀較小的幼兒玩在一起，且因其衝動的特質，無法
   與人保持較長久的朋友關係。

(八)空間概念缺陷

對空間關係的掌握不明確，在熟悉的環境中亦會走失。

(九)自我概念（形象）較負向

由於缺乏人際關係、動作技巧與學習成就等成功的機會，容

易造成較負向的自我概念或自我形象。雖渴望被關注與稱許，卻不知該如何去求得。

(十)固執（ perseveration ）

持續從事相同的活動而無法停止。如學生寫生字時，雖在生字簿上，每行的最上一格皆有不同的範字，但其所寫的卻每行都寫跟第一行的範字一樣。或有時只要其寫幾行生字，他卻將整本生字簿通通寫完。又如用餐時，每餐必定要坐在相同的座位上才行，否則不是哭鬧，就是不吃。

(士)嬰幼兒雖不見得能完全用上述特徵來瞭解其是否具有學習障礙的現象，但仍可從下列三種特徵及早看出其異樣的地方

1. 不規律的睡覺習慣：一般嬰幼兒睡覺與清醒的時間較有固定的習慣表現，而此類嬰幼兒總呈現較不規律的現象。

2. 清醒時容易興奮。

3. 較高的活動量：在其清醒時，常會動個不停。

參、嬰幼兒學習障礙

談起學習障礙，由於人們對「學習」一詞的界定常局限於讀、寫、算方面，及在學校的教育範圍內，因而認為學習障礙的現象，只有在學齡兒童才可能出現。若有人談到在學前教育階段處理學習障礙嬰幼兒的問題，常會被人認為那是多餘的。因為學前教育階段根本沒有讀、寫、算三方面的要求。而他們的觀點也就認為在學前教育階段不可能有學習障礙問題存在。

依據美國九四－一四二公法（ 1975 ）對學習障礙的定義中提到在「傾聽、思考、閱讀、書寫、拼音、計算等方面之能力缺陷

」國內學者許天威提出「個體之成就與其智力之間的嚴重差距發
生於下列一項或數項：一、口語表達，二、聽音理解，三、書寫
表達，四、基本閱讀技巧，五、閱讀理解，六、數學計算，七、
數學推理。」（民76）若剔除有關讀、寫、算等三部份，則在學
前教育階段仍有口語表達、聽音理解及思考等能力的問題。這些
問題因為它們皆可因學習而改變其表現，更何況它們也直接影響
到未來的學習表現，故仍然屬於學習問題。準此而論，則在學前
教育階段討論學習障礙問題不僅不是多餘的，還是正確且必要的
。

　　Kirk曾經對學習障礙做另一種分類法的說明：「發展性學
習障礙和學術性學習障礙（developmental learning disabilities
& academic learning disabilities ）（ Kirk & Chalfant, 1984;
Kirk & Gallagher, 1986 ）。發展性學習障礙直接影響嬰幼兒將
來學習學術性科目所需的學前能力。包括了注意力、各種知覺、
記憶、思考和語言等方面的缺失或失常。這些缺陷或失常在早期
階段如沒有及早補救，將會在嬰幼兒成長後的學術科目學習上產
生困難。例如學習寫字，孩子總要先學會許多能力和動作，如手
指精細動作、手眼協調能力、記憶等才能學好寫字此項工作。學
術性學習障礙則較偏向讀、寫、算等能力的直接缺陷，這在前部
份已經討論過，在此就不再重複贅言。我國八十一年公佈之定義
即參酌Kirk的觀念而研訂的。

　　具有發展性學習障礙幼兒的主要指標為在語言能力、認知能
力、視動協調能力間的不一致、及各項能力與發展年齡水準間的
不一致。這些不一致達到顯著水準時，即稱之為「發展性學習障
礙」。根據美國學習障礙全國聯合委員會在一九八五年二月十日

所提出學前兒童學習障礙報告裡的觀點，認為學前兒童表現出明確的發展遲緩或缺陷型態，是早期學習障礙的表現徵象。它們包括了溝通、知覺動作、認知能力、和社會及人格行為的發展異常。這些表現皆將影響未來學術性學科的學習。

發展性學習障礙在幼兒階段可能出現的特徵有注意力異常、語言異常、記憶異常、知覺與知動異常、思考異常、社會知覺異常等。茲分別說明於下。

一、注意力異常

指的是過度活動、畏縮不參與、注意力固著、分心及衝動等。無法維持正常的注意力，該注意時無法集中注意力於標的物，或不必關注時，卻付於多餘的注意力。

二、語言異常

指的是接收、統整、表達等語言能力的遲緩發展，而無法發展出同年齡層次水準的合宜語意、語音、語法等的能力。

三、記憶異常

指的是視覺、聽覺、觸覺等等的記憶缺陷，及短期或長期的記憶困難。

四、知覺與知動異常

指的是視知覺、聽知覺、視聽覺的背景區分、視動統合等方面的缺陷問題。

五、思考異常

指的是問題解決能力、概念形成能力及其他相關認知能力的缺陷問題。

六、社會知覺異常

指的是無法瞭解他人的意義，如肢體語言、口語溝通、人際距離、服飾、化妝等。

這些發展性學習障礙的現象，如果在嬰幼兒階段能及早發現，及早教育或訓練，將來到小學或中學階段的學術性學習將可減少或完全避免障礙問題出現，這正是嬰幼兒特殊教育推動的基本目的。

第四節　結論

認知發展是人類一切發展的基礎，沒有認知能力的發展，則其他發展就不具有意義。認知發展又以注意力、知覺、記憶三者為基礎。由於三者的各自發展與交互作用，各種認知能力也就逐漸成長。

在認知發展理論中，介紹了Hebb的神經生理發展理論與Piaget的發展理論。因本書重點在討論嬰幼兒階段的特殊教育，所以在Piaget的理論部份也就只偏重在感覺動作期的介紹。

認知發展的缺陷所造成的問題形成了智能障礙與學習障礙。

本章特用較多的篇幅討論其行為特質，惟必需要強調的，有障礙
者可能會出現該些特徵行為，然有該些特徵行為者卻不一定就是
有障礙者。而有障礙者可能僅具有該些特徵行為的一項或幾項，
並不一定要具有全部的特徵行為才能被界定為障礙者。這是讀者
不可不慎重的。

討論問題

一、人類認知能力有那些重要領域？其重點為何？

二、從對智能障礙與學習障礙的介紹中，您認為他們的教育是否必要？其理由安在？

三、智能障礙教育對智能障礙嬰幼兒是否有幫助？其理由安在？

四、學習障礙教育對學習障礙嬰幼兒是否有幫助？其理由安在？

參考書目

中文部份

許天威（民76）：學習障礙者之教育。五南圖書出版公司印行
。

英文部份

Dennis, W., & Najarian, P. (1957). Infant development under environmental handicap. Psychological Monographs, 71 (No. 7).

Flavell, J. (1977). Cognitive development. Englewood Cliffs, NJ: Prentice–Hall.

Gallagher, J. M., & Reid, D. K. (1981). The learning theory of Piaget and Inhelder. Monterey, CA: Brooks/Cole.

Gibson, E. & Spelke, E. (1983). The development of perception. In P. Mussen (ed.), Handbook of Child Psychology, vol. III, New York: Wiley.

Ginsberg, H., & Opper, S. (1977). Piaget's theory of intellectual development (2nd ed). Englewood Cliffs, NJ: Prentice–Hall.

Grossman, H. J. (1983). Classification in mental retardation. Washington, DC: American Association on Mental De-

ficiency.

Hebb, D.O. (1949). *The organization of behavior. New York: Wiley & Sons.*

Held, R., & Hein, A. (1963). *Movement-produced stimulation in the development of visually guided behavior. Journal of Comparative and Physiological Psychology, 56, 872–876.*

Inhelder, B. (1968). *The diagnosis of reasoning in the mentally retarded. New York: Day.*

Kearsley, R. B. (1979). *Introgenic retardation: A syndrome of learned incompetence. In R. B. Kearsley & I. E. Sigel (Eds.), Infants at risk: Assessment of cognitive functioning. Hillsdale, NJ: Lawrence Erlbaum Associates.*

Kirk, S. A., & Chalfant, J. C. (1984). *Academic and developmental learning disabilities. Denver: Love Publishing.*

Kirk, S. A., & Gallagher, J. J. (1986). *Educating exceptional children. Boston: Haughton Mifflin.*

McNellis, K.L. (1987). *In search of the attentional deficit. In S.J. Ceci (Ed.), Handbook of cognitive, social and neuropsychological aspects of learning disabilities (Vol. II). Hillsdale, NJ: Lawrence Erlbaum Associates.*

Pascawl–Leone, J. (1970). *A mathematical model for the transition rule in Piaget's developmental states. Acta Psychologca, 63, 301–345.*

Patton, J.R., Payne, J.S., & Bierne–Smith, M. (1986). *Mental retardation (2nd ed.). Columbus, OH: Charles E. Merrill.*

Piaget, J. (1952). *The origins of intelligence in children (2nd en.). New York: International Universities Press.*

Piaget, J. (1977). *Science of education and the psychology of the child. New York: Penguin.*

Robinson, C.C., & Robinson,J.H.(1978). *Sensorimotor functions and cognitive development. In M.E. Snell(Ed.), Systematic instruction of the moderately and severely handicapped. Columbus, OH: Charles E. Merrill.*

Ross, B.M. (1976). *Preferences for nonrepresentational drawings by Navajo and other children. Journal of Cross-–Cultural Psychology, 7(2), 145–156.*

Skeels, H. M., & Dye, H. B. (1939). *A study of the effects of differential stimulation on mentally retarded children. Proceedings and Addresses of the American Association on Mental Deficiency, 44, 114–136.*

Zeamen, D., & House, B. J. (1963). *The role of attention in retardate discrimination learning. In N.R. Ellis (Ed.), Handbook of mental deficiency. New York: McGraw–Hill.*

Zeamen, D., & House, B. J. (1979). *A review of attention theory . In N.R. Ellis (Ed.), Handbook of mental deficiency: Psychological theory and research (2nd ed.). Hillsdale, NJ: Lawrence Erlbaum Associates.*

Weiss, G., & Hechtman, L. T. (1986). *Hyperactive children*

grown up: Empirical findings and theoretical considerations. Multivariate Behavioral Research, 9(2), 245–252.

Wodrich, D.L.(198). *Psychological assessment. In D.L. Wodrich & J.E. Joy (Eds.), Multidisciplinary assessment of children with learnign disabilities and mental retardation (pp. 31–75). Baltimore: Paul H. Brookes Publishing Co.*

Woodworth, R. S. & Schlosberg, H. (1965). *Experimental psychology. New York:Holt, Rinehart & Winston.*

第3章 生理發展與問題

生理發展包含健康、動作發展，及可能發生疾病的問題，本章分就動作發展的一般現象、動作發展缺陷、生理發展問題等項目加以探討。

第一節 動作發展的一般現象

人類動作發展是一種學習控制和統合的反應歷程，此一歷程依賴的是大肌肉動作與小肌肉動作的發展。這些發展又皆與個體

的成熟情況有關。Gesell認為大小肌肉動作的發展皆應有一定成熟度的基礎，若成熟未達程度，則其大小肌肉動作的發展將是不可能。

壹、新生嬰兒的反射反應

初生嬰兒因其神經系統的發展尚未成熟，許多動作的表現皆以反射動作為主，它常是些不受意志控制的動作，本身的協調性很差，缺乏組織。較常見新生嬰兒的反射反應有尋根反射（rooting reflex）、摩洛反射（moro reflex）、吸吮反射（sucking reflex）、達溫尼反射（grasp reflex）、伸頸反射（tonic neck reflex）、巴賓斯基反射（Bavinski reflex）、行走反射（step or dance reflex）等。分別說明於下：

一、尋根反射

當嬰兒的臉頰或嘴角被觸及時，他的頭即會向被觸及的方向轉動。或當其被抱在母親的懷中時，就開始鑽向母親的胸部，並且嘴巴張開，開始吸吮動作。此一反射行為大約在出生九個月後消失。

二、摩洛反射

當平衡狀況改變時所產生的反射表現，其腿臂和手指頭伸直，軀幹與雙腿僵直且兩臂外伸，背部略為拱起。此一反射行為大約在出生三到五個月後消失。此一反射行為常與驚嚇反射（startle reflex）相提並論。

三、吸吮反射

只要嬰兒的嘴一接觸到物品，即出現吸吮的反射行為。此一反射行為大約在出生十二個月後消失。

四、達溫尼反射

當嬰兒手掌接觸到物體時，五指立即緊握成拳頭，其用力之大足可將嬰兒拉成站立姿態。此一反射行為大約在出生二到三個月後消失。

五、伸頸反射

將嬰兒的頭轉向一方，則同方向的臂腿伸直且僵硬，另一邊則彎曲縮起。此一反射行為大約在出生二到三個月後消失。屆時若未消失，則其運動協調的發展將會略為遲緩。

六、巴賓斯基反射

用物刺激嬰兒腳底時，嬰兒的腳趾頭張開成扇狀，腳拇指則背向成屈狀。此一反射行為大約在出生六到九個月後消失。

七、行走反射

支撐新生嬰兒，使其身體直立且腳掌稍離地面，則嬰兒將會做出貌似協調良好的走路動作。此一反射行為大約在出生二到三個月後消失。

嬰兒的反射動作是屬於不受意志控制的行為，當其動作能力

發展較成熟，神經系統也較完整時，它們就逐漸消失。接受意志控制的行動就越來越多，其動作能力也愈趨向成熟與協調。下面再就一般動作發展常模說明嬰幼兒動作發展的情況。

貳、動作發展里程碑

下面列舉嬰幼兒各項主要動作的發展情況，但要特別說明所註明的時間僅是供參考用的一般常模，並非絕對性的標準。嬰幼兒動作領域相當廣泛的，本章無法細述各項發展，僅能就其中有關頭部的控制、坐、走路前的爬行、站立、走路、操作等等部份簡要說明，以供參考。

一、頭部的控制

大約在出生一個月後即能俯臥舉頭，四個月後被抱時就能將頭挺直，接著在仰臥時就能舉頭。

二、坐

大約在出生六到六個半月後學會獨坐，八到九個月不需任何扶持即能維持坐姿。

三、走路前的爬行

約在出生八個月後即能四肢爬行，九到十個月即會爬著走。

四、站立

約在出生後八個月時即能經由扶持而站立，且在站立時，可

舉起一腳。到九個月時能自行攀著東西站立，在十二個月時能自行站立，在十三個月後已能完全獨自站立。

五、走路

大約在出生九到十一個月後即能被扶持走路，或牽著成人的手走路。十五個月時已能獨自走路，並爬上樓梯。十八個月能獨立上樓梯，並交替運用快步走與跑步，惟跑步尚不穩定。到二歲已能跑得很好，除能保持身體平衡外，還能做出踢球的動作。三歲時能跳且能單腳立。四歲時能雙腳跳躍前行，且左右兩腳皆能單獨站立。十八個月能二步一階爬樓梯，二十個月才會被牽著下樓梯，三歲能一腳一階上樓梯，四歲能一腳一階下樓梯。三歲能墊腳尖走路。四歲會單腳跳躍。五歲可以交換腿跳。六歲時從稍高處往下跳，會用腳尖先著地。

六、操作

大約在出生後四個月時能抓較大的物體，但無法放開手掌。六到六個月半時能一手抓一個大物件，然後轉交另一手。通常抓到東西後，都會往口中塞。能用手拿較小的物件，如葡萄乾一類之物品。七個月時能用單手拿玩具。九個月時拇指已能和其他手指分開，能相對地運用去鑷小物件。能自己握住奶瓶放入口中。十個月時能自己用手拿東西吃。十二個月時會把物品放進容器裡面。十五個月時會使用湯匙，也能用杯子喝水。能疊兩個方塊積木，十八個月時疊三塊積木，二歲疊六塊積木。三歲能在紙張上畫圓。會將牛奶倒入杯中。會按、解鈕扣、穿衣。想自己處理如廁問題。四歲能畫人形。能接他人丟過來的球。將方紙對摺成三

角形。五歲能握筆，照樣畫四方形。優勢手已出現。

參、動作發展的原則

針對人類發展，雖然學者的解釋各有不同，但他們在基本觀念上皆同意，大體上多數人的發展可歸納出些共同的模式，這些模式有助於了解人類的動作發展。今將之統整出下列幾個原則：

一、從頭到尾

人類身體的發展先從頭部開始，再延伸到身體較低的下肢部位。

二、由近而遠

人類生理發展先從身體中央部位的軀幹開始，然後逐漸延伸向外圍部位的四肢發展。

三、由整體而分化再整合

人類動作發展先由整體大肌肉的粗動作發展，再接著透過分化的小肌肉精細動作發展，使動作更精緻。再將分化的這些肌肉動作整合成為複雜的技巧行為。

四、循序漸進

前一階段發展為後一階段發展的基礎，前一階段的動作若發展不成熟或較不成熟，則下一階段的發展就會出現問題。每一個體通過各個階段的速率雖有不同，但通過所有階段的順序卻不變

。通常皆一階段一階段地順序發展，若越階發展，則對往後的發展總有不利影響。

五、重疊而整合

每階段的動作發展皆將前一階段的發展融納整合在新的發展階段裡。

六、持續不斷

人類動作發展是一輩子的事，是持續不斷的。本章雖只討論嬰幼兒階段的情形，但這一階段的發展卻影響其往後一輩子生活中的動作發展。

肆、影響動作發展的因素

影響人類動作發展的因素極多，今就其重要的幾項說明之。

一、遺傳

人類動作發展常受其先天稟賦的影響，父母所遺傳給孩子的先天體質，孕婦個人的健康狀況，營養補給情形等因素皆會直接影響到嬰幼兒的動作發展。

二、環境

成熟論者強調嬰幼兒的成熟條件建立動作技能發展的序列，但是環境因素卻影響了動作技能發展的質與速率。成熟給了孩子動作技能發展的潛能，環境卻給了孩子發揮該項潛能的機會。

三、社會文化

嬰幼兒生長環境的社會文化對嬰幼兒動作發展扮演著極為重要的角色。在不同社會文化背景下成長的嬰幼兒，常有不同的動作技能發展水準。在什麼年紀學習什麼樣的動作技能，確實因不同的社會文化，而有不同的價值水準。美國的社會文化較重視活潑個性與個人獨立，嬰幼兒就較早學會各種有關獨立生活的探索動作技能，中國的社會文化較重視家族生活與溫馴個性，因此有關生活探索的動作技能發展就較緩慢。

四、性別角色

對性別角色行為的要求，本也屬於社會文化價值觀的一種。祇因在各種的不同文化背景下，對性別角色行為的認同標準都有相當顯著的差異性存在，因而特別另立一項說明。中國觀念總認為女性應該溫柔些，所以動作技能發展就較偏向於精細動作，男性的好動活潑較能被接受，因而大肌肉動作發展就較快速。

五、嬰幼兒本身態度

有些嬰幼兒本身對動作技能具有較積極正向的態度，比較喜歡做些動作技能的活動，則其動作技能的發展自會快速優異些。反之，若嬰幼兒本身不喜歡動作技能的活動，則其動作技能的發展自會遲緩些。

六、嬰幼兒生活中重要他人的態度

這些重要他人（如父母、手足等）如何與嬰幼兒互動，亦將

明確地影響嬰幼兒的動作技能發展。互動方式若以口語為主，動作技能的發展自較遲緩。互動方式若以動作技能居多，則動作技能的發展自會較優異些。

經過上面的介紹，有關嬰幼兒動作發展的情況應該已經有基本的認識，從反射動作演進到有意識、受操控動作發展的了解，對後續討論動作發展缺陷將會有幫助。

第二節　動作發展缺陷

本節將依序討論動作發展缺陷的意義、動作發展缺陷的現象兩部份。

壹、動作發展缺陷的意義

為了人類活動功能的完善，全部的動作系統應是完整的。當某些骨骼、肌肉、關節、或神經等功能的一部份或幾部份有障礙時，則動作系統就會產生問題，也即是所謂動作發展缺陷。動作發展遲滯，如腦麻痺，為屬於單一的發展問題，那祇是許多發展問題中的一個。腦麻痺如同時又有嚴重的智能障礙現象時，人們將同時注意到其動作缺陷與認知及語言嚴重遲滯的問題。

國內對動作發展缺陷並未單獨提出討論，法令上也沒有明確的規定，通常皆併在「肢體障礙」裡。我國於民國八十一年提出之特殊教育法施行細則修訂草案，對肢體障礙定義的建議為：

「……所稱肢體障礙，指上肢、下肢或軀幹欠缺正常機
能，致接受教育發生一定程度之困難者。

前項肢體障礙，分為左列三類：

一、輕度肢體障礙

㈠上肢

1. 上肢的肩關節或肘關節其中任何一關節機能全廢者，或有顯
   著障礙者。
2. 一上肢的拇指及食指欠缺或機能全廢或顯著障礙，其中包括
   拇指及食指者。
3. 一上肢三指欠缺或機能全廢或顯著障礙，其中包括拇指及食
   指者。
4. 兩上肢拇指機能有顯著障礙者。

㈡下肢

1. 一下肢自踝關節以上欠缺者。
2. 一下肢的機能顯著障礙者。
3. 兩下肢的全腳趾欠缺或機能全廢者。

㈢軀幹

因軀幹的機能障礙而致步行困難者。

二、中度肢體障礙

㈠上肢

1. 兩上肢大拇指及食指欠缺或機能全廢者。
2. 一上肢的上臂二分之一以上欠缺者。
3. 一上肢機能顯著障礙者。

(二)下肢

1. 兩下肢的機能顯著障礙者。

2. 兩下肢自踝關節以上機能欠缺者。

3. 一下肢自膝關節以上機能欠缺者。

4. 一下肢的機能全廢者。

(三)軀幹

因軀幹的機能障礙而站立有困難者。

三、重度肢體障礙

(一)上肢

1. 兩上肢之機能全廢者。

2. 兩上肢由腕關節以上欠缺者。

(二)下肢

1. 兩下肢的機能全廢者。

2. 兩下肢自大腿二分之一以上欠缺者。

(三)軀幹

因軀幹之機能障礙而無法坐立者。

上述定義除包含肢體殘缺外，也強調機能缺陷問題。所謂機能缺陷就包括了動作發展缺陷方面的問題，故說動作發展的缺陷問題是應從此去找定義。

貳、動作發展缺陷的現象

動作發展缺陷因各種不同的原因，不同的個體間常有極大的

差異存在。今就其中較明顯常見的幾種缺陷說明於下：

一、腦麻痺

因腦部損傷而產生的問題，最普遍的情況為腦麻痺。根據迥司通（ Johnston & Magrab, 1976 ） 等的說法，腦麻痺是影響嬰幼兒腦部最顯著的一項官能失常因素，腦麻痺依嬰幼兒功能失常的變化與影響控制肌肉力量的情形而分類。

㈠當主要缺陷過份影響肌肉活動時，稱之為僵直（ rigid ）或痙攣（ spastic ）；如影響較小，便稱之為失張症（ atonic ）或低張症（ hypotonic ）。痙攣通常為肌肉不停地動，然後快速地停了下來。僵直則為肌肉有一種強大抗阻動作的能力，因而使動作或行動產生困難的現象。低張症也會造成痙攣或僵直的情況。

㈡缺陷者如尚能控制部份肌肉活動功能者就稱之為不自主痙攣症（ choreoathetoid ），或顫動（ tremor ），若是屬於缺乏平衡感的現象， 則稱之為運動失調（ ataxic ）。針對缺陷的強度則常用知覺異常（ parests ） 或麻痺（ plegia ）來形容。通常控制肌肉動作或行動的問題在於對自然動作或行動產生的限制能力有困難。當大腦主要皮質動作區的任何部份受損傷後，將因而缺乏限制自然動作或行動產生的能力，嬰幼兒將變成被自然動作或行動所支配，而非他控制自然動作或行動的運作。舞蹈症（ chorea ）是一種臉部或四肢出現不規則與不自主的快速動作或顫動的現象。指痙症（ athetosis ）為一種臉部、四肢出現慢速且重複的無意識動作表現（ Johnston & Magrab, 1976 ） 。不自主痙攣症常同時出現兩

種不同自然動作或行動的現象，於是產生個體無法控制的不自主痙攣。運動失調的嬰幼兒常表現出平衡有困難的特質，此類嬰幼兒對包括走路在內的所有大動作皆有困難，除非同時也有嚴重的肌肉張力問題，否則他們對精細動作反而較能掌握。

㈢麻痺：因麻痺因素而造成肢體無法活動的現象稱之為麻痺，如半身不遂（Paraplegia）指的是腿部麻痺；四肢麻痺（Quadriplegia）指的是手腳皆麻痺，單側麻痺（hemiplegia）指的是身體單邊（左邊或右邊）的手與腿部麻痺。

腦麻痺常由生產前、生產過程中、生產後腦部受到傷害所引起。根據賀特（Hart, 1979）描述引致腦部障礙的原因有下列十一項：

1. 缺氧症（Anoxia）：常於出生前或出生過程中出現缺氧現象，所導致的一種胎兒或嬰兒傷害。如孕婦有休克或窒息、產婦因體力不支而休克、羊水太早流失、或難產等皆可能造成胎兒或嬰兒缺氧。

2. 生產傷害：生產過程中的傷害，如難產、鉗夾不當、生產時間太長等。

3. 懷孕過程中，母親使用酒精過量，如酗酒等，而引起嬰兒腦部傷害。

4. 高膽紅素血症（Hyperbilirubinemia）：是一種血液中膽紅素含量過多的現象。通常為嬰兒長期且嚴重的生理性黃疸症所引起。

5. 染色體異常（chromosomal abnormalitics）。

6. 不相容的RH血型（Rh blood incompatibilities）。

7. 懷雙胞胎的併發症：研究指出多胎（mutiple pregnancies）易引起嬰幼兒罹患腦痲痺，其比例為百分之五到九，即一百名腦痲痺患者中有五到九名是為多胎產的嬰幼兒，這一相關雖不太明顯，但因多胎產而容易出現早產的現象，應是主要關聯。

8. 出生前母體的狀況：母親在懷孕階段如感染德國痲疹（rubella）、梅毒、淋病、腮腺炎（mumps）等皆可能導致胎、嬰幼兒產生腦痲痺的情況。母親貧血症（maternal anoxia）是最常見在懷孕期間引起胎兒腦痲痺的因素之一，通常因母體本身血液攜氧能力下降，導致胎兒血氧不足，出現缺氧現象而產生腦痲痺。母體過度曝照X光，尤其在懷孕初期，可能因而破壞胎兒的腦部組織，造成胎兒腦痲痺的現象。

9. 胎盤的併發症：母親胎盤異常（placental abnormalities），亦可能因其發育不好的胎盤，引起胎兒發育不完全而產生腦痲痺的現象，此情形常見於甲狀腺功能低下的母親（hypothyroid mother）。

10. 甲狀腺疾病（Thyroid disease）。見上述第九項原因的說明。

11. 母體患有腎臟感染的疾病或糖尿病（diabetes）。

因為腦痲痺是由一種非漸進式的大腦損傷所引起，所以一個腦痲痺嬰幼兒的動作表現並不會惡化，且能透過物理治療或職能治療改善他的狀況。自從醫學界能在一出生即診斷出腦痲痺狀況後，現在已開始從出生後立刻介入處理。臨床醫學家用鼓勵自制

動作的方法，以盡可能減少非自制的反射效果，與鼓勵痙攣或僵硬肌肉平順地移動等模式來處理腦麻痺嬰幼兒的動作困難。

　　早產兒出現腦麻痺現象的可能性也很高，因早產兒對出生過程或出生後，產生腦麻痺因素的抗力較弱。早產便成為可能產生腦麻痺現象的一項指標。通常腦麻痺的發生與早產兒出生時體重過低有直接相關。大約有百分之十五體重在一千到一千五百克之間的嬰兒，在出生時神經系統已經受損傷；若體重低於一千克則其百分比將高達三十三。早產兒的體重越輕，則出現腦麻痺徵狀嬰幼兒的可能性越高。而早產兒越多，出現腦麻痺嬰幼兒的機會也隨之增多。過去二十年來，對早產兒的照顧已使腦麻痺的可能出現率減少了一半（ Hart, 1979 ）。大約三分之一的腦麻痺嬰幼兒可能併有智能障礙，和某些如視覺、聽覺、語言缺陷的情況，這些問題的產生情況因腦麻痺嚴重程度的不同而有差異。大約有百分之三十五的嚴重腦麻痺嬰幼兒在五歲之前死亡，若能活過五歲則有可能活到壯年前後。

　　針對腦麻痺嬰幼兒的治療，自從確定大腦損害對腦麻痺的影響不是漸進的以後，腦麻痺嬰幼兒的情況已可因治療而有所改善。治療都以物理治療為主，用以增加自然且常態的活動或動作，同時也抑制非自然的反射動作。近年，神經發展治療（neurodevelopmental treatment ）常被用來訓練腦麻痺嬰幼兒。此一理論是由英國的卡爾及貝杳（ Karl, & Berta Bobath,1975 ）所創用，現在已在美國廣泛使用。神經發展治療的基本原理為兒童在治療中是一個主動的參與者，而臨床醫學家則跟隨著兒童的導引。跟其他的治療方法比較時，可看出其他治療方法是將兒童放置於一個被動的角色，而臨床醫學家則居於主導的優勢地位，

神經發展治療正相反。神經發展治療強調促進兒童常態的、自然的活動或動作，使他或她能經驗到那些是其應發展的常態且自然的活動或動作，以使嬰幼兒有較高的動機去練習常態的活動或動作型式。

　　針對腦麻痺嬰幼兒的操作舉動練習，特別強調適當的操作舉動。腦麻痺嬰幼兒看護者應學會怎樣促進正常的動作、行動，及禁止異常的反應，與如何安排嬰幼兒坐及躺下，使其感到舒適，且不引發異常的動作。當觀察腦麻痺嬰幼兒之動作發展時，可發現其頭部控制的能力明顯地遲緩。異常的反應型式支配著頭、脖子、與脊柱等的活動或動作。嬰幼兒位置安排與操作舉動的基本原則為從關鍵部位或動作上（如頭部、肩膀、與臀部的組合）去控制異常的模式（Finnie, 1975）。

二、肌肉營養不良（dystrophy muscular）

　　肌肉營養不良是嬰幼兒早期大腦損傷的另一種狀況。肌肉營養不良不像腦麻痺，它是屬於一種漸進性的傷害症狀。因此嬰幼兒的狀況是隨著時間的過去而漸形惡化，通常患有於肌肉營養不良的嬰幼兒很可能在十歲以前就去世。肌肉營養不良的病因目前尚無法明確知道，但被認為可能是一種遺傳的劣性代謝異常症（inheritedrecessive mwtabolic disorder）。此種疾病男生出現率為女生出現率的三倍。此種疾病最普遍的形式為兒童杜氏持續性肌肉萎縮症（Duchenne juvenile muscular dystrophy），它通常在嬰幼兒週歲前後，開始學走路時被診斷發現。此疾病會漸進地摧毀身體的隨意肌，以脂肪細胞與纖維組織替換隨意肌。患有兒童杜氏持續性肌肉萎縮症的嬰幼兒可能會於小腿區域出現腫

脹現象，那是因由脂肪細胞替換肌肉細胞的緣故。患有兒童杜氏持續性肌肉萎縮症的嬰幼兒可能有下列特徵（Cratty, 1986）：

㈠以笨拙、扁平足的步態跑步。

㈡因肌肉無力的關係，用腳尖走路。

㈢因腹肌無力的關係，走路時，背部凹得很厲害。

㈣當躺或坐在地面時，無力自行爬起。

此疾病若繼續惡化，則嬰幼兒將失去步行的能力，體重亦會增加，身體變得越來越衰弱，且漸漸不能行動，最後終將躺在床上，致因傳染病侵襲而死亡。肌肉營養失調的病症現在尚無法完全治療。一般治療重點包括姿勢引流術（postural drainage），對萎縮肌肉的物理治療，和使用抗生素以對抗傳染病。要較有效果的治療，則動作發展與物理治療專家的參與是必要的。通常專家尚能改善嬰幼兒的功能與加長兒童停留於教室的時間。

第三節　生理發展問題

新生嬰兒出生時很可能出現先天代謝異常的疾病現象，根據行政院衛生署所發行「新生兒先天代謝異常疾病篩檢」認為，對新生兒進行篩檢具有預防和治療的功能。但篩檢工作只能對某些遺傳性疾病做檢查，並無法將所有新生嬰兒的疾病全部查出來。衛生署對是否將該項疾病列入篩檢範圍的認定標準有四：

一、疾病的症狀不明顯，若在新生兒期及早發現，及早治療，可避免造成終身不治的心身障礙。

二、疾病一旦查出，能有治療方法可治癒或減輕其病情者。

三、目前已有經濟可靠的篩檢方法。

四、該項疾病的發生率高，有篩檢的價值。

　　在醫學上已發現有許多先天性代謝異常疾病，常會造成個體終身智能障礙、身體殘障或生長發展遲滯的現象。這種現象不僅嬰幼兒本身痛苦，對其父母雙親，也常造成精神與物質的雙重負擔，就社會而言，亦造成許多有形、無形社會成本的負擔。若能在嬰兒早期階段就加以注意，做到及早發現、及早治療，則很多患者將有可能得到和常人一樣的生活。惟一般人對新生兒先天代謝異常疾病並不瞭解，而這些異常疾病的症狀又不明顯，所以需藉助篩檢的工作來發現問題。

　　人類遺傳疾病的種類很多，新生兒篩檢以可治療的先天性代謝異常疾病做為目標，主要以發現先天性甲狀腺低能症、苯酮尿症、高胱胺酸尿症、半乳糖血症、葡萄糖-6-磷酸鹽去氫酶缺乏症等疾病為主要重點（蕭廣仁，民82）。

壹、先天性甲狀腺低能症

　　甲狀腺素是胎兒及嬰兒階段促進腦部及身體生長發育與新陳代謝的一種重要荷爾蒙。故胎兒及嬰兒若缺少甲狀腺素，則其新陳代謝功能與生長皆會受到影響。若是腦部的成熟因而受到影響，則就可能出現智能障礙的現象。

　　由於甲狀腺生長不正常，如無甲狀腺、甲狀腺發育不良或異位甲狀腺所引起的症狀即為甲狀腺生長發育低能症。也有部份原

因來自於甲狀腺激素合成異常，像下視丘腦下垂體甲狀腺低能，
碘缺乏，母親服用抗甲狀腺藥物等情況。通常罹患此症的嬰幼兒
的特徵為表情癡呆、小鼻、低鼻樑、皮膚及毛髮乾燥、哭聲沙啞
、臍疝氣、腹鼓便秘、呼吸及餵食困難、延續性黃疸及生長發育
障礙等。

　　一般以血液中的甲狀腺促進素的濃度做為篩檢檢驗項目，當
篩檢發現異常時，則應由醫生做更詳細且深入的診斷，並且同時
進行治療。患有此症的嬰幼兒，愈早治療對其發展愈有幫助。若
能及早治療，則其智能發展多能達到正常狀況或接近正常現象。

貳、苯酮尿症、高胱胺酸尿症

　　苯酮尿症、高胱胺酸尿症都屬於新生兒胺基酸代謝異常疾病
。也是「體染色體」隱性遺傳的疾病，其遺傳的再發率達四分之
一的機會。此些疾病主要是因為人體中缺乏某些酵素或酵素不足
，以致苯丙胺酸酶化成酪胺酸代謝的過程受到影響，使胺基酸和
其代謝產物堆積在血液中，對嬰幼兒的腦部和中樞神經系統，造
成永久性的傷害，而引起智能障礙。目前已知的酵素缺乏有苯丙
胺酸化酶（Phenylalanine hydroxylase, PAH.基因位置在染色
體12q22-q24.1上），Dihydropteridine Reductase（DHPR，基
因位置在染色體4q15.3上），GTP cyclohydrolase和DHBS
Dihydrobiopterin pythetase等四種。

　　苯酮尿症的發生率大約為萬分之一。患有苯酮尿症嬰兒的特
徵為：

一、肌張力高，軀體容易有前後擺動的現象。因常用小步伐行走

，所以其姿態就顯得有點蹣跚。部份尚會出現不易控制的反
覆發作驚厥情況。

二、毛髮在出生後會逐漸從黑色轉變為黃色。皮膚的顏色也比較
淡。

三、智力在初生時並無顯著的差異，惟他會隨個體的成長而逐漸
落後。

　　苯酮尿症除會出現智能障礙外，也可能產生嚴重的神經學症
狀，如抽搐、生長發育遲緩、易感染疾病、免疫力降低等現象。
最有效的篩檢方法為測定血片上檢體中苯丙胺酸的含量，當苯丙
胺酸的濃度確有偏高現象時，應即馬上進行確認診斷。根據治療
的成果發現，患有苯酮尿症嬰兒若能及早治療，對其智能發展的
傷害較小，越是延後治療則智能發展所受到的傷害越大。若是在
出生後一個月內接受治療，則其智能發展很可能達到平均數的水
準。其治療方法應由醫生依不同的診斷結果，採用不同的方法。
家長需注意在治療過程中是否有藥物副作用的現象出現，隨時與
醫生做密切的配合，讓醫生能得到足夠的訊息，而對劑量或藥物
做適當的調整。

參、半乳糖血症

　　所謂半乳糖血症乃是染色體之某段基因產生突變，使半乳糖
－1－磷酸尿轉移成的量減少，也就是無法將半乳糖經由正常途徑
轉變為葡萄糖的一種遺傳性碳水化合物代謝異常症。當雙親均具
有隱性基因時，子女才有可能罹患此病。患有這類症狀的嬰兒，

其體內積存有大量半乳糖，在初生時往往並未顯現出特殊的症狀，但在餵乳數天後，將會因半乳糖－1－磷酸在各種器官中積聚，而可能發生嘔吐、昏睡、體重不增加、肝臟腫大或壞死、黃疸等現象。嚴重者會因血液感染而可能有生命的危險，輕微者也可能會出現生長發育障礙、智能發展偏低、白內障、肝硬化等症狀。若是半乳糖－1－磷酸積聚在腦部時，將可能造成智能障礙的現象。如能及早發現，以去除牛奶及乳品食物，用不含半乳糖的食物（如黃豆奶等）餵食，將可避免造成傷害。家族中曾有此病例之孕婦，可用羊膜穿刺法檢驗之。對嬰兒則以分析血中半乳糖含量為篩檢方法。

肆、葡萄糖-6-磷酸鹽去氫酶缺乏症

「葡萄糖－6－磷酸鹽去氫酶缺乏症」又稱為「G－6－PD缺乏症」，臺灣地區在蠶豆收成季節時，容易發生此症，故在臺灣醫學臨床上，一般人常以「蠶豆症」別名稱之。根據臺灣地區對新生兒的統計，其發生率相當高，約為3％，即平均在一百名的新生兒中，就可能有三名會罹患此症狀。而在比率上，男性發生率比女性高。「葡萄糖－6－磷酸鹽去氫酶缺乏症」是因為個體內的紅血球中缺少「葡萄糖－6－磷酸鹽去氫酶」，無法有效分解葡萄糖來產生能量以進行新陳代謝。其症狀為Glutathione被外來氧化物氧化後無法重新還原成Glutathione，以致血球細胞膜缺乏保護而出現溶血現象，導致在新生嬰兒時期出現核黃疸的現象。嚴重時會形成核黃疸，造成腦麻痺症狀，甚至會使新生兒因而死亡。存活者也可能產生聽覺障礙、手足徐動型障礙、及重度智

能障礙等後遺症。

　　其篩檢方法則以反應螢光分析法，去瞭解血中葡萄糖－6－磷酸鹽去氫酶的活性。常用的處理方式以照光療法治療，或換血等。患者也應告訴醫生有關自己的病症，請醫生注意避免給予可能引起溶血的藥物，或請醫生提示可能引起溶血的食物，避免食用。平日應避免接觸樟腦丸（俗稱臭丸）。

　　新生嬰兒篩檢本有及早發現及早治療的意義和目的。政府有鑑於此，特由行政院衛生署委託臺大醫院、榮民總醫院新生兒篩檢中心，檢驗各醫療院所送來的血片檢體，同時在全臺灣地區洽請約有五百多家醫院、診所或助產所，對在其院所出生的新生兒提供採取檢體的服務。這些院所皆掛有衛生署發給的「新生兒先天代謝疾病篩檢院所」的標誌，家長可自行辨認前往請求做篩檢。

　　學理上認為應在新生兒進食後四十八小時，食物經過新陳代謝後再採取血液檢查方能有效。祇是有些產婦常在新生兒出生後就出院離開，以致無法在合宜時間內採到新生兒檢體。衛生署為此特地設計兩種採取檢體的方法：一為在新生兒出生時，直接由接生人員採取「臍帶血」；一為在新生兒出生進食後四十八小時後，由腳底採取少量血液檢體。政府為了落實新生兒篩檢工作，還編列經費補助，目前每個新生兒篩檢的費用扣除補助外，家長的負擔約在五百元左右。

　　在先天性代謝異常的疾病以外，嬰幼兒也可能因身體較弱，容易感染各種疾病，或長期罹患疾病。如嬰幼兒罹患某些疾病而必得長期調養或某種特別的看護，亦即是所謂的「身體病弱」者。在教育部社會教育司委託，國立臺灣師範大學特殊教育研究所

承辦，所完成的「特殊教育法暨其相關法規修訂草案總報告」中特殊教育法施行細則第廿一條規定：

> 「本法第十八條第六款所稱身體病弱，指身罹慢性疾病，體能虛弱致接受教育發生一定程度之困難者。身體病弱依其程度分爲左列二類：
> 一、經醫師診斷換有心藏血管、氣管肺臟、血液、免疫、內分泌、肝臟、胃、腸、腎臟、腦、脊髓及其它慢性疾病或傷害，需長期治療者。
> 二、其它經醫師或專家診斷體能虛弱需長期療養者。

身體病弱者常需要醫療方面的服務，其嚴重者可能需要長期住院治療，在嬰幼兒階段的身體病弱者，他對醫療服務的需求比對教育服務的需求要迫切多了。

生理發展的問題層面相當地廣，本節僅能就較常發生且又有預防與療效可能性的部份做以上簡要介紹。

第四節　視覺障礙

討論視覺障礙，要先瞭解幾個詞彙：視覺功能（ visual functioning ）、視覺效率（ visual efficiency ）、視覺限制（ visually limited ）。「視覺功能」係指人們如何運用其視覺。功能層次與視覺的量，個人的動機、期待、需要、態度、訓練和經驗有關（ Barraga, 1983 ）。「視覺效率」從教育的觀點而言，

它提供學生能輕鬆、舒服、且以最少的時間完成精細的視覺工作的層次（Barraga, 1983）。「視覺限制」則指個人在一般人能看得清楚的環境下，無法看得清楚的現象。所謂一般人能看得清楚的環境，表示基於教育的要求或所有其它生活環境中，應該能看見的意思（Barraga, 1983）。明白這些詞彙的意義之後，就可接下來討論視覺障礙的定義。視覺障礙是指因畸形、疾病、傷害所造成的中央視覺（central vision）、周圍視覺（peripheral vision）、雙眼視覺（binocular vision）、色彩視覺（color vision）、視覺調節（vision accommodation）等的變形。許多視覺障礙者可以透過眼鏡或手術處理，加以矯正。在這些處理過程後，視覺仍有限制，在教育的過程中，學生仍需特別的服務才能達成學習效果，這些人即被稱為視覺障礙者。

視覺障礙可分為弱視（low vision），全盲（blindness）兩種，而全盲又可分為法定盲（legal blindness）與教育盲（educational blindness）兩種。弱視是指學生在矯正後，仍有嚴重的視覺障礙，但他們經由光學補助、非光學補助器、環境改善和技巧的運用，有可能增進視覺功能者（Corn, 1980）。法定盲在美國為聯邦政府所規定，視覺障礙者要達到法律上全盲定義的標準，才能接受特殊教育及相關服務。此一定義從兩方面去考量：中央視覺的精確度與周圍視覺。其規定為「矯正後優眼的視覺精確在20/200或以下者，或視野不超過二十度者」（National Society to Prevent Blindness, 1966）。教育盲因教育安置的需要，認定盲者為完全看不見或祇有光覺。所謂光覺（light perception）是指有能力分辨光的存在與否（Faye, 1970）。教育盲者係指靠觸覺的學習者，閱讀依賴點字或有聲讀物。若視覺障礙者尚有光

覺能力，則對其在環境中的活動會有幫助。

　　我國在七十六年三月公布的特殊教育法施行細則，也將視覺障礙者分成弱視及全盲兩類。但到八十一年的修訂建議案，則改為

　　「……所稱視覺障礙，指依萬國式視力表所測定之優眼
　　，經最佳矯正後視力未達〇‧三或兩眼視野各爲二十度
　　以內者。前項視覺障礙，分爲左列四項：
　　㈠輕微視覺障礙：優眼視力測定值在〇‧三（不含）以
　　　下者。
　　㈡輕度視覺障礙：優眼視力測定值在〇‧二（不含）以
　　　下者，或兩眼視野各爲二十度以內者。
　　㈢中度視覺障礙：優眼視力測定值在〇‧一（不含）以
　　　下者。
　　㈣重度視覺障礙：優眼視力測定值在〇‧〇一（不含）
　　　以下者。

之所以會有如此更改，可能是國內的學者專家體會到全盲與弱視的分類，容易造成刻板印象的誤解。多數人總認爲所謂盲者，應是完全沒有視覺，生活在個全然黑暗世界裡的人（Schulz, 1980）。然而在所謂盲者的人群中，卻僅有百分之十屬於全盲，完全沒有視覺（Kaham & Moorhead, 1973）。在定義上能做如此的修訂，對視覺障礙者或許可以避免些錯誤的認知。

　　人類學習管道中，視覺是一重要管道。嬰幼兒透過模倣與感官經驗的統合，學習其周遭相關的世界知識。視覺障礙嬰幼兒就無法像其同年齡階段的眼明嬰幼兒，經視覺感官而模倣學習，順

利有效地在環境中移動或操作環境（Lowenfeld, 1973），所以
其概念發展較遲緩。其可能特質說明於下。

一、概念建立不易或不正確

弱視嬰幼兒常祇能接收到錯誤、模糊的影像形式及不精確的
概念。視野狹隘的嬰幼兒，因其限制，對物體及物體間的相關，
常僅得到部份的本質、功能、及關係，就如寓言中瞎子摸象的結
果一樣支離破碎與不完整。另有些視覺問題並不在是否看得見，
而是看到的是什麼。有人將個平面皮球看成粗糙的橘子。有人看
到都只是情境的外圍圓環。這樣建立出來不正確的認知發展，對
其較高層次技巧如分類、保留等概念能力的學習，就會產生問題
。

二、語言發展的異常

概念發展遲緩，將影響到其語言發展。雖然早期聲音與口語
的學習，跟同年齡階段的嬰幼兒相較，視覺障礙嬰幼兒並沒有顯
著的差距。但其自發的詞彙能力表現就落後了四個月或更大的差
距（Fraiberg, 1977）。視覺障礙者常有不明確概念的口語發展
，即有些詞彙，如原子筆和鉛筆，他們用來很順暢，當把原子筆
交到其手中，他卻說不出那是什麼（Harley, 1963）。

三、動作發展受影響

視覺障礙並不會造成動作發展的障礙，但卻不能說視覺障礙
現象對動作能力沒有影響（Fraiberg, 1977）。視覺障礙嬰幼兒
一樣會發展有空間概念，祇是他在這領域需要不斷的教育介入，

而且嬰幼兒的視力越好，越容易有教學效果（Fraiberg, 1968）。一般說來，有好的身體形象概念，較容易發展出外在的空間概念（Cratty, & Sams, 1968）。惟視覺障礙者的身體形象概念常較不明確，所以在發展外在空間概念時，就較為困難。因此像距離、方向、身體及物體在空間的位置、在熟悉與陌生環境中安全走動等能力的取得，通常需要直接介入教學。若欠缺早期的介入教學，視覺障礙者常表現出不正常的動作表達技巧，如步調與姿態（Cratty, & Sams, 1968; Gibbs, & Rice, 1974）。

第五節　結論

嬰幼兒的生理發展從動作發展談起，接著是動作發展缺陷、生理發展問題。除討論一些發展現象與問題外，也同時說明政府的積極做法，兼顧理論與實務的配合。將現況中對有特殊需要嬰幼兒有助益的政策做簡略說明，最主要的目的是幫助家長取得有效的資源，減輕其子女的障礙與負擔。

討論問題

一、在肢體障礙與動作障礙兩者之間有何異同點？請討論
　　之。

二、嬰幼兒較常發生的慢性疾病有那些？請討論其症狀與
　　看護時應注意事項。

參考書目

中文部份

蕭廣仁（民82）新生兒篩檢，中華民國特殊教育學會八十二年
度年會會議手冊。

英文部份

Barraga, N. C. (1983). Visual handicaps and learning. Austin, TX: Exceptional Resources.

Bobath, B., & Bobath, K. (1975). Motor development in the different types of cerebral palsy. London: Heinemann.

Corn, A. (1980). Development and assessment of an inservice training program for teachers of the visually handicapped: Optical aids in the classroom. Unpublished doctoral dissertation. Teachers College. Columbia University.

Cratty, B. J. (1986). Perceptual and motor development in infants and children (3rd ed.). Englewood Cliffs, NJ: Prentice-Hall.

Cratty, B. J., & Sams, T. A. (1968). The body image of blind children. New York: American Foundation for the Blind.

Faye, D. D. (1970). The low vision patient. New York: Grune & Stratton.

Finnie, N. R. (1975). Handling the young cerebral palsied

child at home (2nd ed.). New York: E. P. Dutton.

Fraiberg, S. (1968). Parallel and divergent patterns in blind and sighted infants. Psychoanalytic Study of the Child, 23, 264–300.

Fraiberg, S. (1977). Insights from the blind. New York: New American Library.

Gibbs, S. H., & Rice, J. A. (1974). The Psycholinguistic characteristics of visually impaired children: An ITPA analysis. Education of Visually Handicapped, 6, 80–88.

Harley, R. K. (1963). Verbalism amoung blind children. New York: Smerican Foundation for the Blind.

Hart, V. (1979). Crippling conditions. In M. S. Lilly (Ed.), Children with exceptional needs. New York: Holt, Rinehart & Winston.

Johnston, R. B., & Magrab, P. R. (1976). Developmental disorders: Assessment, treatment, education. Baltimore: University Park Press.

Kaham, H. A., & Moorhead, H. B. (1973). Statistics on blindness in the model reportingarea 1969–1970. DHEW Pub. No. (NIH) 73–427. Washington, D. C.: Superintendent of Documents, U. S. Government Printing Office.

Lowenfeld, B. (1973). The Visually handicapped child in school. New York: American Foundation for the Blind.

Schulz, P. J. (1980). How does it feel to be blind ?/0 Los Angeles, Calif.: Muse–Ed.

第4章 語言發展與語言障礙

語言在人類的溝通行為中佔了極為重要的地位，是促使人類社會產生凝聚力的主要因素。本章基於此觀念，對語言發展、語言學習理論、語言障礙、聽覺障礙等提出討論。前三部份集中在本章討論，因其皆為語言的問題，聽覺障礙併入本章，則因其表現行為亦屬於語言範圍。雖其成因牽涉到其他感官的能力，然而在輔導教學時，有很多地方與語言有關，因此將之納入本章討論。

第一節　語言發展

人類溝通的方式，雖說除口頭語言外，尚有各種的肢體語言，但基本上仍以口頭語言為主要的溝通工具，所以語言發展的研究就成為溝通研究的重點。瞭解語言發展障礙之前，必要先瞭解正常的語言發展，然後才能知道何種差異是偏離正常語言發展的標準。僅依布魯姆（Bloom, & Lahey, 1978）等的觀點介紹一般語言發展的常模。

壹、語言型態發展

語言的發展通常皆經過一系列的階段而達成熟層次。其階段可分為聲音遊戲（babbling）、喃語階段（jargon）、單字句階段（holophrases）、電報語言階段（telegraphic language）、超通則階段（overgeneralizations）、基本句子結構（basic sentence structure）等。

一、聲音遊戲

嬰兒與成人溝通，以求取滿足其生理需要的首要方法為咕咕發音與呀呀發音。運用此種聲音遊戲的能力是往後語言發展的前兆。在聲音遊戲階段，嬰兒的發音逐漸增加不同組合音的數量。在出生後的前三個月，嬰兒出現了些不同類似母音的聲音（McNeil, 1970），這是一種自然的基本反射行為（Bever, 1961）

。不論何種障礙類型的嬰兒，多數皆會有此項聲音遊戲的能力，惟有些障礙嬰兒，因其障礙條件的影響，導致其發展一直停留在聲音遊戲階段，而無法往下一階段發展。當嬰兒的皮質能力發展完成，便抑制了此一初階的反射行為，於是聲音遊戲的第二階段就出現。此一階段將會發展出雙唇音（英語中的P.B.M.等，國音中的ㄅ、ㄆ、ㄇ等）及舌尖音（英語中的T.D.N.等，國音中的ㄉ、ㄊ、ㄋ、ㄌ等）和運用母音結合的聲音（McNeil, 1970）。嬰幼兒第一字詞常是子音與母音結合的重疊音（Dale, 1972），如以「ㄅㄨ ㄅㄨ」替代「汽車」，「ㄨㄤ ㄨㄤ」替代「吠」。

二、喃語階段

此階段通常約在嬰幼兒出生後九個月左右出現，而在約兩歲前後才不見（Trantham, & Pederson, 1976）。嬰幼兒在此時常出現一連串模仿成人語調的發音（Menyuk, 1971）。他們類似談話，但卻祇發出一些無法區辨的聲音。

三、單字句階段

嬰幼兒大約在一歲左右會出現正式的詞彙（Dale, 1972; Gesell, 1940; Menyuk, 1971）。當嬰幼兒用一個字的聲音來表達許多意義時，稱之為單字句階段（McNeil, 1970）。在此單字句階段，嬰幼兒僅會使用單字，但是每一單字卻可能代表許多不同的概念，這些概念，成人常需用不同的長句來表達。如嬰幼兒說「水」，可能是他要喝水，也可能是看到路面有水，或是水龍頭沒關，水一直在往下流。成人要想瞭解嬰幼兒所說單字句的意義，必需就嬰幼兒說話當時的音調、情境來判斷。這種判斷雖不

容易，但多數的父母卻有能力去做正確的判斷。

四、電報句階段

經過喃語與單字句階段後，接著出現電報句階段。布朗（Brown, 1973）和其同伴（Brown, & Fraser, 1963）比較幼兒早期字彙組合與電報訊息中的代名詞、介係詞、定冠詞、連接詞、助動詞等皆因為了節省費用而被刪除省略的情況相類似。如「**我將從台中搭火車，在中午到達。**」的句子，可縮寫成為「火車午到」的電報句。就像這樣，幼兒學習語言，進到說完整句型之前，他可能省略掉些字彙（或可說還無法使用這些被省略的字彙），而只保留些名詞和動詞。在此階段中，一個值得注意的特質是「不變的動詞」。一個在電報句階段的幼兒，常會將動詞中的整個助動詞系統省略掉。助動詞系統為組成語型的基本要素之一，它決定了時態與名詞及動詞間的一致性。在美國的研究中（Roberts, 1964）發現，幼兒也會省略動詞的變化和冠詞系統，此種情形在我國幼兒的語言發展，並不成為問題，因為我國語言體系中，動詞並沒有因人稱的不同而起變化，動詞中的時態變化也必需加上其它字詞，而不會在字形上變化。

五、超通則階段

電報句階段與發展好成人文法階段之間，有部份時間屬於過渡階段，此階段即為超通則階段。在此階段，幼兒對他自己剛剛學會文法結構（句型）的運用，常會有過度概念化的現象（Ervin, 1964）。如剛學會「我不要」後，即用它來回答「你吃飯了嗎？」「你會不會？」等的問句。

六、基本句型結構階段

在過度概念化階段中，幼兒逐漸發展完成各種語意能力和動詞系統能力後，即進入較高層次的基本句型結構階段。到此一階段，幼兒已有足夠的能力去使用完整的基本句型，也即是他所說的語句已能符合成人的語法要求水準。複雜句型也將逐漸出現。透過此六階段的發展過程，幼兒在語言型態的發展終於具備了應有的能力，日常生活中的語言型態都已發展完成。往後將繼續發展其語言型態，使趨向更複雜化的較高層次。

貳、語言內容的發展

語意是指意義與內容的學習，如談些什麼，對一個主題、事件、或互動，人們用什麼詞彙來表達（Bates, Camaoni, & Volterra, 1975; Bloom, & Lahey, 1978; Clark, & Clark, 1977; Ervin-Tripp, 1978; Lucas, 1980）。魯卡斯（Lucas 1980）認為「一個主題、動作、或事件可能被細分後，才在意義上表現出來。」而「細分一個主題、動作、或事件，需要透過語言詞彙的幫助。」布魯姆（Bloom, & Lahey, 1978）等則將此定義延伸至那些描述主題及事件本身和其它主題及事件間關係的詞彙。這些詞彙的內容將因嬰幼兒的成長而有不同的改變。這種改變受到嬰幼兒與其週遭重要他人互動經驗的影響（Bruner, 1974）。在平日會話中，成人慣用的那些有關相同主題、事件、與相互關係的詞彙，皆能協助建立嬰幼兒的詞彙庫（Clark, 1974; Ervin-Tripp, 1978）。因而嬰幼兒對周遭世界豐富的經驗，將是其語言內容

發展的基礎。如何擴充嬰幼兒的生活經驗，實為為人父母者的重要課題。

　　在單字句階段，幼兒的談話內容大都以身邊接觸的事務為主，如爸媽、汽車、牛奶（母奶）等等，以名詞較多，稍後才出現動詞（Hsu, 1985; Gentner, 1982）。幼兒常會擴延其所用字詞的意義，特別是當嬰幼兒面對一個特別或新的主題、事件，而在其所擁有的字彙中，無法找出適當的用詞時，他會使用自己熟悉的字詞去替代，用擴延的意義來取代該字詞原來被認同的真正意義（Clark, 1973）。就如「媽媽」一詞，用來通稱所有照顧他的女性，而非指他真正的媽媽，或用「爸爸」泛稱所有的男性成人。同樣的方法，幼兒也可能利用一個字詞去表達許多他還未發展出的概念用詞，如用「紅」表示紅色、深紅色、淺紅色、紫色、橘紅色等，或用「球」表示橘子、球、玩具、圓形、西瓜等（Clark, & Clark, 1977）。此一方法雖能暫時解決幼兒的溝通限制，但當幼兒若遇上較不熟悉的人，這些人無法瞭解其字意時，幼兒就需要學習新而貼切的字彙，以達成溝通的目的。若嬰幼兒在運用擴延字彙意義的時候，皆能順利達成溝通的效果，則其將因沒有溝通困難的壓力，不會有學習合適字彙的需求，其語言的發展自然會產生困難。另外幼兒有時也會反其道而行，將一般成人所用字詞的意義給予某種限制。如只有他的弟弟才是「寶寶」，其他的嬰兒皆不能或不是叫「寶寶」。

參、語言用法的發展

　　貝慈（Bates, 1976）將人類與周遭世界接觸的活動區分為語

法化活動（perlocutionary acts）和非語法活動（illocutionary acts）兩種。通常嬰兒在出現第一個字彙之前，就已能運用其身體去接觸周遭世界（Bates, Camaioni, & Volterra, 1975）。語法化活動即是其例，在此活動中，嬰兒運用凝視、哭、觸摸、微笑、大笑、聲音、抓、吸吮等身體活動方式去表達他的意思。非語法活動則指的是用音調、咕嚕等的聲音，及用給、指出、展現等非語言行為的活動方式表達個人意思。研究一個嬰兒的語法化活動與非語法活動的技巧，對計畫介入教育安排將有所幫助。

嬰幼兒語言用法的發展，粗略地分有二種：一為自我中心語言行為模式；另一則為社會化語言行為模式。通常嬰幼兒在六歲之前所表現的語言用法，較屬於自我中心語言模式。以自己懂得的或知道的字彙表達意思，並不在意聽者是否瞭解他所說的內容。如用爸爸的筆表示筆的種類，當有人問幼兒說：「那是什麼樣的筆？」幼兒的回答常是：「爸爸的筆。」雖然聽話的人不一定看過爸爸的筆，根本不知道爸爸的筆是什麼樣子。但幼兒認為他如此的回答已經很清楚了，對方應該瞭解。到了六歲以後就逐漸進入社會化語言行為模式。

嬰幼兒語用的發展先是利用身體活動表達自己意思，當進入使用口語階段後，則先出現自我中心的語言行為模式，直到能運用社會化語言行為模式，其語言用法的發展才算較為完整。

第二節　語言學習理論

語言發展是件很奇妙的事，人之所以為人，語言是其重要的

特徵之一。若語言的發展未能順利，則他在做為人的基本條件上就顯得差了些。目前針對語言發展的現象，學者之間有許多不同的觀點。本節將僅就經驗論（empirical approach），心理語言論（Psycholinguistic Theory）二種不同觀點簡單介紹於下。

壹、經驗論

經驗論是以心理學中行為學派與社會學習論的理論為基礎。他們認為語言活動是一種行為（Skinner, 1957），所以就認為語言的學習是由於增強與模仿的結果。增強是行為學派理論的直接應用，模仿則為社會學習理論中楷模學習的運用。當嬰兒面對媽媽發出類似「媽媽」的語音時，媽媽總以為那就是叫媽媽，心中一高興（尤其是第一次有孩子的母親）就會給嬰兒一個熱烈的擁抱。由於嬰兒對與父母肌膚相親的擁抱，很容易感受到一種快樂與滿足，此時媽媽的擁抱，對嬰兒便產生一種增強的效果。經過數次的刺激反應聯結以後，嬰兒將發現到只要發出類似媽媽的語音，就能得到擁抱的增強，於是嬰兒就會不斷的發出該種語音，以求得到擁抱這種肌膚相親的增強。媽媽在聽到嬰兒發出類似媽媽的語音時，母親除了給予熱烈的擁抱以外，還會說「對，寶寶叫媽媽」或反覆「媽媽」等一類的話語。此時母親重複地說出準確「媽媽」的發音，正是給嬰兒一個學習楷模的示範。透過母親這種楷模的示範，嬰兒就有了正確模仿的機會，而逐漸校正其語音，終至學會正確發音與語言意義。

貳、心理語言論

心理語言論是依Lenneberg（1967）所提出的生物學與遺傳學的理論為基礎而發展成的。Chomsky（1959）主張人類生而具有種內在的能力，它能幫助人類發展出語言行為。他以為人類語言的發展並非是一連串字彙學習的過程，而是學得促使說者產生無數口語句子，與促使聽者瞭解所聽到無數句子的訊息互換規則。所以心理語言論者質疑光靠增強與模仿學習語言的可能性。Chomsky（1965）在討論具有生產力的訊息互換者（generatice -transformationalists）時，對語言學習的問題提出兩個研究重點：一為語言本身是什麼，它是如何使孩子學習它、內化它與運用它；另一則為孩子本身又是什麼，他如何容許本身去學習語言。

幼兒學習語言的過程中，在早期僅有極為有限的基本語言經驗，但他就已經能聽懂他人的話語，且能覆誦某些字句，這種有限的經驗竟能有能力瞭解他人的字句，及產生些本身未曾聽過的新句子。當幼兒初進入小學時，他馬上就能如同成人般地運用一般語言形式，在適當的環境中運用語言。這是相當奧妙的事，並非增強與模仿所能解釋。依心理語言學者的觀點，幼兒學習語言不是僅學些字或句而已，他們同時學會內化整個語言系統，以瞭解和產生新的句子。心理語言學家的工作就在於語言學習與表現過程的分析。

時至今日，人類語言發展還無法以一種學習理論，去做通盤的解釋。經驗論與心理語言論各說明了人類語言發展的部份現象

，要想合理解釋人類語言發展的現象，在沒有更好理論之前，應客觀地融合運用相關的理論才是正途。

第三節　語言障礙

　　人類是群居的動物，需要互助合作，才能增進人類的生活幸福。互助合作的過程特別重視溝通的必要，溝通能順暢，溝通者彼此間才能互相瞭解，能互相瞭解才可能互助合作。溝通過程中，語言實為一項相當重要的工具。人們也因而就格外強調語言與邏輯思考的能力。一個繪圖能力很差，或音樂能力不行的人，沒人會說他因這方面有障礙，需為之安排補救教學。今日的科技社會裡，雖也聽說過「電腦盲」一詞，但還沒有聽說「電腦能力障礙」一詞。惟當人類的語言能力發展較遲滯，造成溝通困難時，就會被冠上「語言障礙者」的稱呼，此正說明了語言在日常生活中的重要性。所謂語言障礙，依學者（ Johnston, & Schry, 1976; Menyuk, & Looney, 1972; Morehesad, & Ingram, 1973 ）觀點認為，與一般常態發展兒童用同樣的方法學習語言，卻祇能有較緩慢的進展。那並不意味他們全無語言能力，祇是表現上有遲滯的現象而已。我國政府亦於民國八十一年二月二十一日，由教育部以台⑻社字第○九○五七號函公布定義如下：

　　「……所稱語言障礙，指語言理解能力或表達能力與同
　　年齡兒童相較，有顯著的偏異現象，而造成溝通困難者
　　。」

同函中又將語言障礙，依障礙類型，分為構音異常、聲音異常、語暢異常、語言發展異常等四種。

　　根據一般對語言障礙的研究，語言障礙大概可分為失語症（aphasia）、說話障礙（speech disorder）與語文障礙（language disorder）等三種。我國的四類分法可分別包含在其中：說話障礙包括構音異常、聲音異常、語暢異常等三項，語文障礙則包含語言發展異常。特依一般研究分類說明如下：

壹、失語症

　　此症是指雖沒有聽覺障礙或智能障礙，卻無法使用或瞭解口說語言。從障礙程度上可分為失語症與發展性失語症兩種，嚴重失語症者可能完全沒有語言能力；發展性失語症者其語言能力與本身心理或發展年齡的水準不相符合，有語言學習上的困難。失語症另一種分類法則分為接受性失語症與表達性失語症兩種型態。

一、表達性失語症的兒童，在使用字詞時，有其困難存在。他可能會描述一件物品，或說明它該如何使用，卻說不出它的名稱。詞彙的量比其同儕少很多，語法上的組合精確度也不如同儕的水準。

二、接受性失語症的兒童，他能聽到他人對他所說的話語是什麼，但是無法將之意義化，或是無法依循指示做事。如要他「到餐桌去，將上面的葡萄拿過來。」時，他會因無法瞭解說話者的意思，而不知道該如何做。

　　學者（Adler, 1983）認為失語症與腦傷有關，主要是因左半部的腦部受傷。不過，表達性失語症與接受性失語症的受傷位置不同。

貳、說話障礙

　　當說話的不正常情形達到與別人的話語有顯著的差異，以致在溝通的過程中引起對方的注意，並使聽者與說者雙方都覺得難過時，稱之為說話障礙。他們無法清晰地發出語音，說話的語氣與一般幼兒有明顯地的差異，令人因而注意到其對溝通的干擾與傷害。幼兒在語言發展的過程中常出現些發展過程的說話錯誤型態，如以「ㄅ」代「ㄆ」、以「ㄋ」代「ㄌ」，這是語言發展過程的正常現象。只是有說話障礙的幼兒其發音錯誤的時期較長（落後於一般發展水準太多）或無法改善。說話障礙包括構音、聲音、語暢的問題。

一、構音缺陷

　　說話是將某些單音組合成為字詞，再將字詞組合成語句。構音係指聲留在構音器官（舌、口唇、口蓋、牙齒）及共鳴器官（鼻腔、口腔）裡，受其影響產生構音作用而構成音素。構音缺陷則指在組合單音成為字詞時，無法正確組合而出現了贅加音、扭曲音、替代音、省略音等情況。

(一)贅加音

　　當兒童發字詞的音時，多加上了不必要的音，造成不正確的字詞時，稱之為贅加音。如部分閩南人叫「老師」為「老書」，

就是在「師」的「ㄕ」後面多加了「ㄨ」的原因。

㈡扭曲音

當兒童發字詞的音時，以該語音系統中沒有的音，來替代原來的音，稱之為扭曲音。如以英語中的「θ」音替代國語中的「ㄙ」音。

㈢替代音

當兒童發字詞的音時，以該語音系統中的另一個音，替代原來字詞中的音，稱之為替代音。如將「好熱」說成「好樂」，即是以「樂」中的「ㄌ」替代「熱」中的「ㄖ」的現象。

㈣省略音

當兒童發字詞的音時，將該有的音省去不發，致使該字詞的正確意義無法傳達，稱之為省略音。如將「我好開心」說成「我幺開西」，即是省了「好」中的「ㄏ」而成為「幺」音，和省了「心」中的「ㄣ」而成為「西」音。

二、聲音缺陷

每個人說話皆有其獨特的本質，在聲音上有所不同，本為平常的事，但若在音調、音質、及音的強度有明顯的偏差，造成聽者無法瞭解表達者的意思，或使聽者感到不舒服時，那就成為聲音缺陷。如說話的音調太高、太低、或沒有旋律的單一音調，其偏異的情況到了足以令聽者難過，或無法瞭解其話語的意義時即是聲音障礙的一種。而硬額缺裂的幼兒則常發出含有鼻音的特殊聲音，亦是另一種的聲音障礙。在幼兒階段，就得開始教他控制其音調，在大家認同的水準下說話，不能太高，也不能太低。不要老是大聲嘶喊，那也可能造成聲帶受損，使聲音變成沙啞。若

聲音持續沙啞，就應做檢查，因若是聲帶上長有腫瘤或贅肉者，也可能使聲音變得嘶啞。

三、語暢缺陷

　　所謂語暢缺陷，是指說話者在其語言流暢度方面，跟一般人有顯著的差異存在，造成溝通困難或聽者理解吃力時，即為語暢缺陷。這種缺陷常指說話時，對詞、字、音做無意義的重覆，或速度上吞吞吐吐的，在句子中間不該停的地方，突然停很久。也包含口吃（stuttering），話說到一半突然中斷（blocking），說話快而模糊不清（cluttering），重複模做聲音、字、詞（echolalic repetition of sounds, words, phrases）。口吃的挫折可能引起情緒問題，情緒問題亦可能引出口吃的現象。直到目前，對口吃大多認為可能因生理或心理情緒因素所引起（Thurman, & Widerstrom, 1990）。由於語暢問題，在說話發展過程的初期，常是正常現象，不易被發現，家長與早期介入的教育工作者就得特別注意。

參、語文障礙

　　所謂語文障礙是指個體在語言系統的知識上未能表現出與預期的常模相稱的情形。亦即指「語言的語意、語法、語用、語形、語彙之發展，在理解與表達方面，較之同年齡者有明顯偏差或遲緩的現象。特別是當一個兒童在用語的運用技巧上有所缺陷，未能達到同年齡兒童的預期水準時，就稱為語文障礙」。語文障礙是較廣泛的層面，指的是溝通與語詞行為的整體。語文障礙包

括對字義與將字組成句的無法瞭解。此類幼兒在說話發展也可能較遲緩,無法瞭解他人的語文或無能將字串聯成句。語文障礙是指明顯的無法使用語文或口語溝通。語文遲緩的問題在於幼兒無法發展出符合其年齡水準的語文技巧,只有極為有限的字彙;或無法使用正確的句型結構。重度語文障礙幼兒通常表現出無法使用口語溝通,而依賴非口語姿勢溝通他們的需要。

人類語言的發展從無到有,從不會到會。在新生嬰兒階段,其語言的能力等於零,往後因成熟與學習,語言能力便逐漸增強。在此由無到有、由不會到會的過程中,因其為漸進的過程,若出現的問題並不嚴重時,成人往往不會注意到。等到發現其語言有明顯的困難時,常都已較嚴重了。從事嬰幼兒特殊教育的工作者及家長應審慎注意,才不至錯失補救時機。

依美國的統計發現,在三到六歲的幼兒階段裡,語言障礙的出現最高達到百分之一點八(在一九八三到一九八四年中,接受教育的幼兒人口中)。而在同份的統計中,語言障礙則佔所有特殊幼兒的百分之六十九(U. S. Department of Education, 1985)。可見其嚴重性。使用說話與語文的能力是人類發展基本的功能方法。雖說其他動物亦有溝通能力,但只有人類使用說話與語文,把它當作轉換訊息的工具。所以不能不重視語言障礙對個人生活的影響。

第四節　聽覺障礙

聽覺障礙本為感官障礙的一種,但因聽覺障礙的結果常同時

出現語言障礙的現象，因此將之附列在語言發展與困難內討論。

　　聲波是由於分子來回運動而產生，每秒鐘聲波來回次數之多少稱之為頻率（frequency），此每秒的次數被稱為赫次（hertz）。一千五百赫次表示聲波在一秒中來回運動了一千五百次。到了人類的耳朵時，赫次改稱為音調（pitch）。頻率增加，音調也變高；反之則音調就降低。人類耳朵能感受到的頻率大概在二十到二萬赫次之間，而口語的頻率約在五百到三千赫次間。在每個頻率中增加或減少能量，就會改變聲音的強度。對聲音強度用分貝（decibels，簡稱dB）來評量，稱之為音量。一般聽力對任何頻率的敏感度皆從○分貝開始，一個人所能聽到的聲音稱為聽力範圍。通常在安靜的環境下，兩人對談的音量大約為二十分貝。聽力損失的定義通常以在不同的頻率下，人們對聲音符號所能反應的分貝層次。一位聾者，即表示他在五百、一千、二千赫次的音調時，其聽力損失最少在九十分貝以上，若音量低於九十分貝，則他將什麼也聽不到。當一個人有較少分貝數的聽力損失，即有二十到九十分貝之間的聽力損失，稱之為重聽。但因說話與純聲音符號有差距，在定義上也就略有不同。我國在八十一年修訂特殊教育法施行細則時，其建議為：

　　「……所稱聽覺障礙，指聽覺機能永久性缺損，聽力損
　　失在二十五分貝以上者。前項聽覺障礙，依優耳語音頻
　　率聽力損失程度，分為左列四項：

　　㈠輕微聽覺障礙

　　　　聽力損失在二十五分貝以上未達五十五分貝。

　　㈡輕度聽覺障礙

　　　　聽力損失在五十五分貝以上未達七十分貝。

（三）中度聽覺障礙

　　聽力損失在七十分貝以上未達九十分貝。

（四）重度聽覺障礙

　　聽力損失在九十分貝以上。

　　除上述法令依聽力損失程度分類方式外，另依障礙性質亦可分有：

（一）傳音性聽覺障礙（Conductive hearing loss）

　　凡是發生在外耳、中耳、耳小骨等處的傳導聲音障礙現象，稱之為傳音性聽覺障礙。通常其聽力損失皆不會達到三十分貝以上。

（二）感音性聽覺障礙（Sensory-neural hearing loss）

　　大凡發生在耳蝸及皮質層部份障礙，此些感音部位失常，以致無法接受聲音而產生聽覺障礙，稱之為感音性聽覺障礙。

（三）混合性聽覺障礙（Mixed hearing loss）

　　此係指同時具有傳音性聽覺障礙和感音性聽覺障礙的現象。

　　除非有其它障礙併同發生，否則聽覺障礙嬰幼兒的發展與普通嬰幼兒的發展並沒有很大的差距。在他們逐漸長大後，才會在語言理解與使用上，展現較為落後的情況，較無法跟上普通兒童使用複雜與抽象語言系統的能力。此情況也直接影響到其學科能力、社會、情緒等的發展。而其落後與受影響的程度，除受聽覺障礙程度的影響外，障礙的類別、發現的時間、發生障礙的時間、開始早期教育的時間、家庭環境、其它障礙的關聯等都是重要的相關因素。

　　一般聽覺障礙嬰幼兒有其與耳聰嬰幼兒不太相同的特徵存在，茲就社會發展、智能發展與語文能力等三方面分論於下。

壹、社會發展特徵

　　在社會發展方面，聽覺障礙嬰幼兒（Harris, 1978; Meadow, 1980）可能表現有下列的行為特徵：

一、較缺乏輪流、分享的觀念。

二、較缺乏獨立與責任感。

三、容易忽略他人的感受。

四、常誤解他人的活動或動作。

五、較偏向自我中心。

六、挫折的容忍度偏低。

貳、智能發展特徵

　　在智能發展方面，一般總認為聽覺障礙嬰幼兒的智能發展較普通嬰幼兒遲緩。如以普通的智能測驗，對聽覺障礙與耳聰的嬰幼兒或兒童施測時，確會如此的差異。但若以操作測驗施測時，聽覺障礙者並沒有不如耳聰者的差距（Vernon, 1968）。在學科成就上，閱讀對聽覺障礙學生是一大困難，因它需要有語言發展的基礎。而對學科成就的整體，平均在每學年學習效果上聽覺障礙學生總要較耳聰學生落後約百分之三十的進度。而在閱讀表現上能有較高成就水準者，多為聽覺障礙程度較輕，沒有附加障礙，受教育較早，雙親亦為聽覺障礙者（Trybus & Karchmer,

1977 ）。

參、語文能力特徵

在語文能力方面，聽覺障礙嬰幼兒的表現有：

一、聽覺障礙程度越嚴重者，其詞彙的量越少，也越偏向具體的詞彙。

二、口語則會有構音困難，節奏與語暢缺陷，音調與音量的困難等現象。

三、根本沒有口語能力。

從上述的討論可以看出所謂聽覺障礙者並非是完全聽不到的人，依其聽覺損失的程度看，重度聽覺障礙者中，還有些可能尚有部份殘存的聽能。如此觀念能被接受，則在聽覺障礙者的教育過程裡，聽能訓練將是不可少的工作之一。一般人總以為聽覺障礙者必定是啞者，事實並不盡然，仍有些聽覺障礙者發音器官的功能尚是完好的，只要有適當的訓練，他們一樣可以說話。所以針對聽覺障礙者的教育已經由單純的手語教學進展到綜合溝通法。除了運用手語教學外，同時採用口語教學，使聽覺障礙者一面能靠手語瞭解他人意思與表達自己心意；一面也能靠讀唇去瞭解他人的意思，靠口語去表達自己的心意。過去手語教學皆以字詞內容為主的手語模式，今國內已有臺北市啟聰學校教師陳彩屏氏發展成功的手指語模式，以手指打出注音符號的溝通方式。雖未曾有嚴謹的實驗研究，惟注音符號式手指語必須依完整句子打出每一個字，對聽覺障礙學生的語文能力發展應較有幫助。

討論問題

一、外國有關語言研究的理論並不太合於我國的語言特質
　，在引用時應如何克服其間的困難與問題？

二、針對本書所介紹嬰幼兒語言缺陷的現象，您認為從事
　此類嬰幼兒輔導的教師應具備那些能力才有辦法勝
　任？

三、聽覺障礙嬰幼兒的正式表達方式有口語、手語、手指
　語等三種，請分析其適用性。

參考書目

Adler, S. (1983). The non-verbal child (3rd ed.). Springfield, IL: Charles C. Thomas.

Bates, E., Camaioni, L., & Volterra, V. (1975). The acquisition of performatives prior to speech. Merrill–Palmer Quarterly, 21 (3), 205–226.

Bever, T. G. (1961). Pre-linguistic behavior. Unpublished honors thesis, Harvard University, Dept. of Linguistics, Cambridge, MA.

Bloom, L. & Lahey, M. (1978). Language development and language disorders. New York: Wiley.

Brown, R. (1973). A first language: The early stages. Cambridge, MA: Harvard University Press.

Brown, R., & Fraser, C. (1963). The acquisition of syntax. In C. Cofer & B. Musgrave (Eds.), Verbal behavior and learning. New York: McGraw–Hill Book Co.

Bruner, J. (1974). The ontogenesis of speech acts. Journal of Child Language, 2, 1–19.

Chomsky, N. (1959). "A review of B. F. Skinner's verbal behavior." Language, 35, 26–58.

Chomsky, N. (1965). Aspects of the theory of syntax. Cambridge, Mass.: MIT Press.

Clark, E. V. (1973). What's in a word ?/ On the child's acquisition of semantics in his first language. In T. E. Moore (Ed.), Cognitive development and the acquisition of language. New York: Academic Press.

Clark, E. V. (1974). Some aspects of the conceptual bases for first language acquisiton. In R. L. Schiefelbusch & L. L. Lloyd (Eds.), Language perspectives, acquisition, and retardation. Baltimore: University Park Press.

Clark, H., & Clark, E. (1977). Psychology and language. New York: Harcourt, Brace Jovanovich.

Dale, D. S. (1972). Language development: Structure and function. New York: Holt, Rinehart, & Winston.

Ervin, S. (1964). Imitation and structural change in children's language. In E. H. Lennenberg (Ed.), New directions in the study of language, Cambridge, MA: M. I. T. Press.

Ervin–Tripp, S. (1978). Some features of early child-adult dialogues. Language in Society, 7, 357–373.

Gentner, D. (1982). Why nouns are learnt before verbs: linguistic, relativity versus natural partitioning. In S. A. Kuczaj, II (Ed.), Language development, Vol. 2, Language, thought and culture. Hillsdale, NJ:Erlbaum.

Gesell, A. (1940). The first five years of life. New York: Harper & Row.

Hsu, J. H. (1987). A study of development and acquisition of Mandarin Chinese, NSC research report.

Johnston, J. R., & Schery, R. K. (1976). The use of grammatical morphemes by children with communication disorders. In D. M. Morehead & A. E. Morehead (Eds.), Normal and deficient child language. Baltimore: University Park Press.

Lenneberg, E. (1967). Biological Foundations of Language. New York: Wiley.

Lucas, E. V. (1980). Semantic and pragmatic language: Assessment and remediation. Rockville, MD: Aspen Systems.

McNeill, D. (1970). The acquisition of language, New York: Harper & Row.

Menyuk, P. (1971). The acquisition and development of language. Englewood Cliffs, NJ: Prentice–Hall.

Menyuk, P., & Looney, P. (1972). A problem of language disordes: Length versus structure. Journal of Speech and Hearing Research, 15, 264–279.

Morehead, D., & Ingram, D. (1973). The development of base syntax in normal and linguistically deviant children. Journal of Speech and Hearing Research, 16, 330–352.

Roberts, P. (1964). English syntax. New York: Harcourt, Brace & World.

Skinner, B. F. (1957). Verbal behavior. New York: Appleton-
    -Century-Crofts.

Thurman, S. K., & Widerstrom, A. H. (1990). Infants and
    young children with special needs: A developmental and
    ecological approach. Baltimore, Maryland: Paul H.
    Brookes Publishing Co.

Trantham, C. R., & Pedersen, J.K. (1976). Normal language
    development. Baltimore: Williams and Wilkins.

U. S. Department of Education (1985). To ensure a free
    appropriate public education of all handicapped children.
    Washington, DC: Government Printing Office.

第5章 社會情緒發展與問題

人之一生即為不斷社會化的過程，整個社會情緒發展是永無止境的，它不像其它領域的發展，到了某個年齡層次即終止發展。學者的研究都認為早期的社會情緒發展，將會影響其一生裡各種領域的發展。是為嬰幼兒特殊教育中不可忽視的一環，本章先就社會情緒發展基礎討論影響發展的因素，再提出相關的學說介紹，然後說明社會情緒發展缺陷的徵狀。

第一節　社會情緒發展的基礎

一個人的社會情緒發展，是否能符合其所生長社會的規範或需求，受到許多因素的影響。較明顯的有氣質（ temperament ）、早期互動（ early interactions ）、人格發展（ personality development ）等，分別說明如下。

壹、氣質

人一生下來即有一組獨特的人格特質，此一特質被稱之為氣質（ Thomas, & Chess; 1977 ）。這組特質，一面塑造嬰幼兒未來人格的發展，一面則影響看護者的反應。如果嬰幼兒的氣質是和順型，他就容易取得看護者（ 甚至是初見面的其他成人）較多的關注，也較願意跟他相處。於是其早期互動過程的經驗便是愉快的，得到增強的。反之，若嬰幼兒的氣質是倔強型，不規律的吃飯與睡覺習慣，容易哭鬧。看護者也會嫌煩，而儘量減少與其相處的機會。就是相處在一起，也因嬰幼兒的反應，而不給好臉色。於是其早期互動過程的經驗便是不愉快的。如此發展下來，和順的嬰幼兒就會有較多正向的行為表現；而倔強的嬰幼兒正好相反。交易模式（ transactional model ）（ Sameroff, & Chandler, 1975 ） 可說明二者間此種互相影響的關係。依交易模式的觀點，認為嬰幼兒是互動關係中的主導者（ Als, 1982; Stone, & Chesney, 1978 ）。這組特質對嬰幼兒未來社會情緒發展，提供

極大的影響力（Keough, 1982）。人類因他人對其行為的反應，而塑造其自我概念、自我評價。嬰幼兒若無能去改善與他人的不良互動，常會發展出有缺陷或負向的自我概念（Brooks--Gunn, &Lewis, 1982）。

貳、早期互動

　　嬰幼兒與看護者（多數為母親）間的互動，與其未來社會情緒發展的關係，除前面提到會受嬰幼兒獨特氣質的影響外，嬰幼兒與看護者間安全感的接觸亦為重要的影響因素。所謂安全感的接觸指肌膚接觸，這種自然情感（尤其是親子情感）的交流，對嬰幼兒未來社會情緒發展的影響極為重大（Lozoff, Brittenham, Trause, Kennell, & Klaus, 1977）。不過光擁抱、親撫等肌膚接觸，並不一定就能給嬰幼兒安全感，其實看護者在肌膚接觸當時態度更為重要。若看護者在擁抱或親撫時，存著不耐煩的心情，或不得已的態度，那對嬰幼兒未來社會情緒發展不見得有利。它必需是屬於一種心靈交流，能給嬰幼兒安全感的無聲溝通才有意義。可惜有人以此實驗欠缺有效控制而質疑（Svejda, Campos, & Emde, 1980）。事實上，嬰幼兒若能做出看護者喜歡的行為，看護者自然也會以嬰幼兒喜歡的行為反應，雙方此一良性循環，也是一種對嬰幼兒未來社會情緒發展有益的助力（Bailey, & Wolery, 1984）。早期互動關係良好者，往後與同儕的互動關係也較良好（Easterbrooks, & Lamb, 1979; Lieberman, 1977; Pastor, 1981）。

參、人格發展

　　人格發展可分為情緒表達與社會行為兩方面（Goldsmith, 1983），情緒表達是指個體的感覺（feeling）、需要（needs）、及伴同某些精細生理反應需求（desires accompanied by specific physiological responses）的表達。社會行為則描述個體對他人或情境反應的一般表現。新生嬰兒對情緒表達的方法相當有限，但大約到二歲左右，就差不多具有所有情緒表達的技巧。友善是一項很重要的社會行為，因它幫助幼兒瞭解到他人與自己是不同，且是獨立的個體。一般說來幼兒進入幼兒園時，應已具備此一能力。影響此一能力的因素有外貌、姓名與性別、產序、壓力、管教方式等幾項。

一、外貌

　　個人外貌給他人的第一印象，有很大的影響。在三歲時，尚看不出有何差異，但一到五歲時，其貌不揚幼兒的社會行為就已經表現出與外貌討人喜歡幼兒的社會行為不大相同了（Langlois, & Downs, 1979）。其貌不揚的幼兒較多動型、較攻擊型、較吵鬧型。成人對其也較少期望（Lerner, & Lerner, 1977），對他們的評價也較少用正向的語詞（Styczynski, & Langlous, 1977）。

二、姓名與性別

　　一個兒童若背有一個不通俗或不合宜的名字，可能使其與同

僑的社會互動產生障礙（McDavid, & Harari, 1966）。常在幼兒園或小學中看到幼兒或兒童為了同學拿他不雅的名字、綽號開玩笑，而發生吵架的事，即為明例。在家庭與日常生活中，男性總比女性承擔較多的壓力（Walker, Cudeck, Mednick, & Schulsinger, 1981; Wolkind, & Rutter, 1973），國人重男輕女的社會觀念，近年來由於社會結構型態的改變，雖也稍有改善，但仍為社會普遍接納的觀念。因此，男孩常被家庭成員與同儕鼓勵表現出代表「男子氣概」的攻擊與競爭行為（Block, 1982; Serbin, O'Leary, Kent, & Tonick, 1973）。所以在嬰兒階段，男女在活動層次上並無差異，一到了幼兒園階段，男孩的活動量就比女孩的活動量高（Maccoby, & Jacklin, 1974）。

三、產序

第一胎總比以後的各胎受到較多的注意（Thomas, Liederman, & Olson, 1972）。但也因第一胎出生，看護者（尤其是父母親）較沒經驗，教養較不得法，又沒機會從兄姊處學得社會技巧，所以頭胎的小孩常顯現出較沒信心、較經不起失敗、較多焦慮、較笨拙的社會技巧（Schacter, 1959）。

四、壓力

生長在貧窮家庭，多次住醫院，或來自破碎家庭的嬰幼兒，長大後較可能有社會心理障礙。當然，有些孩子在壓力處理的技巧較佳，也能克服不利的早期經驗，而不受傷害（Quinton, & Rutter, 1976）。早期互動經驗裡能有安全感的接觸，可能對往後的社會心理障礙產生避免效果（Rutter, 1971; 1978）。

五、管教模式

看護者或雙親的管教模式，對嬰幼兒未來社會情緒發展的影響有相當的關係，一般持權威式管教態度者，若一切隨個人情緒而決定規範，也就是持「天下無不是的父母，孩子是個人財產，父母可隨心所欲地處理」觀念者，孩子容易發展出反社會行為（Garmezy, 1975; Glueck, & Glueck, 1950）。而同持權威式管教態度者，若其管教規範是明確、一致的，則孩子容易發展出正向的社會行為與人格特質（Baumrind, 1967）。

氣質、早期互動與人格發展，為人類社會情緒發展的基礎。在嬰幼兒階段應該注意提供有利的環境條件，協助個體朝向較合宜的方向發展。

第二節　社會情緒發展理論

有關的社會情緒發展學說為數不在少，為使對下節的討論有所幫助，特選佛洛依德（Freud）與艾利克蓀（Erikson）兩位學者，介紹他們的學說重點供參考。惟因篇幅的關係皆僅介紹到兒童階段，超過此階段已非本書主題範圍。

壹、佛洛依德

佛洛依德特別強調潛意識對人類偏歧行為的影響。他認為意識層次人類可以覺知，也可以控制。而潛意識雖同為人類心智貯

存觀念的一種方式，然此些被貯存的觀念，卻與貯存在意識中的觀念不相同，它們無法被覺知，也無法由個體將之喚回到意識境界中來加以研判或修正。這些個體無法覺知的觀念卻在無形中主宰著個體的行為表現，使個體出現許多無法依常理加以解釋的行為。佛洛依德認為當個體面對無法解決的壓力或衝突時，因不願面對或無能面對，於是用忘記的方式，自動將之驅出個體的意識領域。但事實上，這些壓力或衝突並沒有被真正忘記掉，它們只不過轉移陣地，改存於潛意識中罷了。此些潛意識中的壓力或衝突，有時造成個體些心因性的生理疾病，有時就造成行為上無法理解的問題，如恐懼、固執、強迫行為、焦慮等。

佛洛依德早期使用催眠術（hypnosis）處理患者潛意識裡的壓力與衝突。不過，他後來因不喜歡催眠術（S. Freud, 1910），而改用自由聯想（free association）及夢的解析（dream interpretation）來瞭解潛意識中的壓力與衝突，設法讓壓力或衝突重現，並協助個體正確的解決它。

佛洛依德將人類的心理結構分為本我（id）、自我（ego）、超我（superego）等三個層次。本我在嬰兒一出生即有，以生理的滿足為原則，不考慮環境因素。完全以「快樂原則」為基礎。自我從嬰兒階段開始，以透過操作環境的技巧來滿足自己的需求。受「現實原則」的影響。超我則已將環境價值與規則內化為自己的人格特質，進而監督個人行為。

佛洛依德對人類發展的階段分成五期，僅介紹與嬰幼兒及兒童有關的部份。惟在進入階段發展之前的「出生」過程，雖未被佛洛依德列為一個階段，但佛洛依德卻認為它是創傷的開始。

一、口腔期（oral period）（零到一歲之間）

此階段嬰兒的注意力皆集中在母親的胸部或某些合宜的替代品，如奶瓶、奶嘴等。因此時的嬰兒只能透過嘴得到維持生命的食品。故口與嘴唇的末梢神經也特別敏感，以便滿足嬰兒的快感。

二、肛門期（anal period）（二到三歲之間）

此階段嬰幼兒逐漸學得排泄物的排泄控制能力，家長也把重點擺在如廁的訓練。這是嬰幼兒學習得到愛、稱許、贊同的重要時刻。如果在嬰幼兒生理能力尚無法控制大小便之前，家長就為了清潔觀念與習慣，嚴格要求嬰幼兒控制大小便，則嬰幼兒可能發展出恐懼、罪惡、與反抗的人格特質。

三、性器期（genity period）（三到四歲之間）

此階段幼兒對自己的性器官，如陰莖、陰核、陰道等感到好奇與興趣，並且也發覺此些器官能讓他（她）得到某種快樂。因而產生與同性家長爭奪異性家長愛的現象，亦即戀母情結或戀父情結的出現。同時也就出現對同性父母愛、恨交織的感情，如男孩既愛父親，因他是自己密切的親人；又恨父親搶走或分得了母親的愛。於是超我就會在此時期發展介入，因超我能體認社會價值與規範，進而對此愛、恨交織的感情給予合理的排解。若此階段無法順利處理戀母（父）情結，將會扭曲青少年或青年階段的人格發展，如某些同性戀者即可能種因於此。

四、潛伏期（latency period）（四或五歲到十一或十三歲之間）

此階段同樣停留在性器快感上，只是通常在行為上皆不再表現出來。男、女孩都採用抑制方法來解決戀母（父）情結。兒童以工作及與同性友伴一起玩，來控制性的思想，故亦稱為友伴階段。若此階段無法成功地完成有壓力或困難的工作，則往後的社會情緒發展將可能出現偏歧的現象，如對與異性正常交往有困難等。

五、性成熟期（mature genital period）（十四或十六歲到十八或二十一歲之間）此階段為第二性徵發展的時期。

貳、艾利克蓀

艾利克蓀對於佛洛依德僅從病患的偏歧行為去建立其人格發展理論，他認為尚有四點不足的地方：

一、對兒童社會化的注意不足。

二、對成年的發展階段未提及。

三、對個人與環境互動所產生的八個危機階段未曾提及。

四、應將發展概念以矩陣格式表示。

艾利克蓀相信人格（社會情緒）的成長，係遵循著內在規則（inner laws）發展的結果，而社會互動的模式亦受其成長環境文化的影響。在艾利克蓀的發展八個危機中，將介紹與兒童有關的前四階段：

一、信任對不信任（basic trust versus basic mistrust）（出生到一歲）

嬰兒對世界是否信任，來自生命的第一年。此時期的重要相關人物為母親或母親的替代者。此階段與母親的互動，若不能滿足嬰兒的需求，則嬰兒將偏向不信任的人格發展，反之則偏向信任的人格發展。若母親對嬰兒的態度是拒絕的，嬰兒亦偏向不信任的人格發展，其偏向信任的社會情緒發展將受到傷害。此朝向負向發展，雖在往後的發展階段中，亦可能因情境的有利狀況而改善，然若持續在不利的狀況下發展，則整個社會情緒發展將出現缺陷。

二、自律對恥辱或疑惑（autonomy versus shame or doubt）（二到三歲）

嬰幼兒的第二個危機約在二到三歲間。此時期的重要影響因素為嬰幼兒的成熟肌肉系統，及其漸增的剔除與保留能力，特別是對體內廢棄物的排泄。嬰幼兒感到滿意的不只是剔除排泄物後的滿足，而是其控制能力的學得。此階段他應有一個可信賴且安全的周遭環境，而照顧他的家長也以較有彈性的態度，且能給予充分的時間與空間，讓他去學會控制。若要求太快太嚴，超越其

能力所能及，則會朝向恥辱或疑惑的負向人格發展。

三、主動對罪惡（initiative versus guilt）（三到六歲）

幼兒的第三個危機約出現在三歲到六歲之間。此時期幼兒學會更多的技巧；如使用語言，自由活動，和掌握事物等。也進入了戀母情結的階段。其知覺亦發展到漸能主動控制的階段，當其對異性親長產生性衝動時，會有罪惡感。要幼兒順利通過此階段，需要有瞭解幼兒所面臨困難的家長與師長的指導，才能減輕幼兒所感受到的憎惡與罪惡感。

此階段幼兒因已有較多的技巧，就會有自動行動的產生，父母如讓幼兒有充分的自由，能自動去跑、打、摔、跳，則幼兒的自主感就會增加；若父母能耐心回答幼兒的問題，不嘲笑幼兒的幻想，幼兒的主動性也會增強；否則就會產生罪惡感。

四、勤奮對自卑（industry versus inferiority）（七到十二歲）

兒童的第四個危機階段約在七歲到十二歲之間，相當小學階段。此階段開始追求價值感，而且能有耐性地去完成工作，以追求滿足感。若成人能給予兒童有興趣，且兒童認為有價值，又有能力完成的工作，並給予完成工作所必要的指導，則兒童容易養成勤奮的特質。如兒童未能解決上一階段的危機，或家長並未為兒童做好學校生活的準備，則兒童將會朝向粗糙方向發展，終至產生自卑的心理。

五、認同對認同混淆（identify versus identify diffusion）（十二到十八歲）

六、親密與團結對孤獨（intimacy and solidarity versus isolation）（十八歲到二十歲左右）

七、生產對自我吸收（generativity versus self-absorption）（約在二十到五十歲之間）

八、圓滿對絕望（integrity versus despair）（五十歲以後）

第三節　社會情緒發展缺陷

　　情緒障礙在民國七十三年十二月十七日公布的「特殊教育法」中，被區分為性格異常與行為異常兩類，結果造成七十六年三月二十五日公布的「特殊教育法施行細則」裡，竟無法及時對它下一適切的定義。直到民國八十一年二月二十一日，才由教育部社會教育司以台(81)社字第〇九〇五七號函通令，將它們界定為「……所稱性格異常，指青少年或兒童時期由於體質、生理、心理或長期外在因素之影響，造成人格發展之缺陷，導致其生活內容

、思考方式或行為表現僵滯或偏差者，此種現象通常持續至成人
。……所稱行為異常，指在生活環境中所表現之行為顯著異於生
活常規或年齡發展常態，並妨害其學習表現、情緒、人際關係、
或妨害他人學習者。」這是勉強將社會情緒發展缺陷區分為二的
做法，在診斷與安置上，只有增加困擾並無好處。民國八十一年
在教育部修訂特殊教育法及相關法規時，終於提出將之合而為一
的建議，並提出建議定義如下：

> 「所稱行為異常，指兒童由於生理、心理或環境因素之
> 影響，導致其生活內容、思考方式或行為表現僵滯或偏
> 差，而在生活中表現出顯著異於生活常態之行為，並妨
> 礙到自己或他人之學習、情緒或人際關係者。」

而綜合國外對情緒障礙的研究，除了有與國內相類似的定義外，
還強調：

一、不能經由智力、知覺或健康的因素說明的無能學習現象。情
　　緒障礙通常都會造成某種程度的學習障礙，此種學習障礙的
　　現象卻無法從智能、知覺或健康狀況解釋。

二、無法與同伴或師長建立或維持令人滿意的人際關係。人是社
　　會化的動物，整個人生就是不斷社會化的過程。順利社會化
　　的指標應以有良好的人際關係為指標。社會情緒發展缺陷的
　　明確象徵之一即人際關係的表現，有此症狀者，都與生活周
　　遭的人建立不起或維持不了良好的人際關係。

三、在正常情況之下不適當的行為或情感型態。一般人在正常情
　　況下，都會表現出合乎常情的行為或情緒，該高興、沮喪、

　　痛苦、興奮，都自然流露。社會情緒發展缺陷者所表現出來
的，往往就不是如此，無緣無故沮喪、痛哭、發脾氣，令人
無法與之相處。

四、某些生理症候的發展或對個人、學校的問題產生害怕。有些
　　兒童因畏懼上學而有每天早上出現頭痛體溫上升的現象。這
　　種心因性的疾病常在社會情緒發展缺陷者的身上出現。

　　情緒障礙徵象並不是容易判斷，尤其是對嬰幼兒階段。但某
些症狀卻是有顯著差異的行為徵象，若在嬰幼兒階段不加以處理
，則成長後將更難改善。下列是些嬰幼兒階段就能掌握的症狀：

壹、自閉症

　　在早期嬰幼兒發展中，最明顯、也較嚴重的社會情緒問題應
是自閉症。自閉症大約在二歲左右就可以被發現出來。第一個界
定自閉症的卡那（Kanner, 1943）認為嬰幼兒自閉症患者常有不
會去尋找與他人接近或接觸的機會。當被媽媽抱時，表現出媽媽
像陌生人一樣。這也是初步觀察嬰幼兒的指標。羅傑斯（Ro-
gers）及其同伴（1986）曾對美國二到五歲的幼兒加以研究，發
現其中有五千到一萬個幼兒可能是自閉症患者。羅傑斯認為自閉
症兒童在所有象徵思考的領域（如象徵遊戲、語言及概念思考
等）皆有困難。根據卡那（Kanner, 1943）與陸特（Rutter,
1985）等人的研究認為自閉症兒童具有下列特徵：

一、明顯情況大約發生在出生或在二歲正常發展之後。

二、與父母、其他成人、兒童等人適當社會互動的完全缺乏或損
　　傷。

三、嚴重地損害或完全缺乏語言才能。

四、缺乏智力發展、確定領域的障礙、與其他領域正常的或優越
　　的才能同時發生。

五、自我刺激行為，如物體和玩具重複與獨特的玩弄，或重複與
　　獨特的身體動作，如身體的搖幌。

六、與他人沒有或極少眼神接觸。

七、強迫行為和對環境改變極端負面的反應。

八、沒有明確原因，卻極端苦惱。

九、與不定睡覺型式同時產生的過度活動或退縮行為。

十、無能完成確定的粗動作與精細動作的活動，如以正常的步調
　　走路。

十一、對風景與聲音反應異常，如聽不到些確定的聲音，而對微
　　　弱聲音卻相當敏感。

十二、對痛苦的感受遲鈍，時常有自我虐待行為。

　　陸特（Rutter, 1986）認為自閉症兒童與童年精神分裂症最
主要不同的部份有五項：

一、症狀的發生在出生的三十個月內。多數案例皆在出生即出現
　　發展異常，只是家長不懂或沒注意到。不過也有將近百分之
　　二十的案例，在其出生的前二年發展都很正常。

二、偏歧的語言發展：自閉症幼兒在語言發展上常停留在鸚鵡反
　　應的覆誦情況。

三、偏歧的社會行為發展：自閉症幼兒在社會行為發展上，常表
　　現些不與他人共同活動的現象，即使有其他幼兒在一起共同
　　活動或遊戲，自閉症幼兒常獨自從事活動，而不參與其他幼

兒的活動。

四、刻板行為。一再重覆相同且無意義的行為。

五、缺乏妄想（delusions）、幻想（hallucinations）或思考缺
　陷。

　　自閉症的病因到現在一直還不明確，惟多數的學者專家皆能
同意自閉症是一種機體神經功能失常的型態（Schopler & Mesi-
bov, 1986; Rutter, 1984; 1986）也可能包括了訊息處理的缺陷（
Rutter, 1985）。道蓀（Dawson, 1983）研究自閉症與腦半球的
關係時，發現十分之七的自閉症兒童其右半腦有問題。有些學者
認為應是生理學上的原因（Fein, Skoff, & Mirsky, 1981;
Ormitz & Ritvo, 1970）。

　　對自閉症有效的早期介入方法相當有限；在一九五〇年代到
一九六〇年代之間，以精神力學方案（psychodynamic
approaches）為主。一九七〇年代則以操作制約（operant con-
ditioning）為主。但都沒有明確的資料能證明它們有完整的效果
。所以最近學者改採折衷方式，結合發展學、行為學、與精神分
析學等理論，強調教自閉症兒童社會與溝通技巧，因這是他們缺
陷上的主要障礙特徵。同時羅傑斯等人（Rogers, et. al., 1986）
的研究發現，遊戲對自閉症兒童象徵思考能力的發展有幫助。

　　我國在民國八十學年度，修訂的特殊教育法建議案中，建議
增列自閉症一類。在施行細則中亦建議增加對自閉症兒童的定義
為：

　　「……所稱自閉症，指合併有認知功能、語言功能及人
　　際、社會、溝通等方面之特殊精神病理，以致罹患者之

社會生活適應有顯著困難之廣泛性發展障礙。」

前項自閉症障礙，依障礙程度，分為左列四類：

一、輕度自閉症

社會適應能力輕度障礙，語言功能輕度障礙。通常智能在一般範圍內，仍需要特殊教育和矯治訓練後，才能在適當環境下工作者。

二、中度自閉症

㈠社會適應能力中度障礙，語言功能輕度障礙。
㈡社會適應能力輕度障礙，語言功能重度或中度障礙。
經過特殊教育和矯治訓練，通常在在庇護性環境內可自理日常生活，或有可能訓練出簡單的工作能力者。

三、重度自閉症

㈠社會適應能力重度障礙，語言功能中度或輕度障礙。
㈡社會適應能力中度障礙，語言功能重度或中度障礙。
㈢社會適應能力輕度障礙，語言功能極重度障礙。
㈣經過特殊教育和矯治訓練，通常可發展出最基本的日常生活自理能力、但無法發展出工作能力、仍需仰賴他人照顧者。

四、極重度自閉症

㈠社會適應能力極重度障礙。
㈡社會適應能力重度障礙，語言功能極重度障礙或重度障礙。

㈢社會適應能力中度障礙，語言功能極重度障礙。

需完全仰賴他人養護，或需要密切監護，否則無法生存者。

貳、童年精神病（ Childhood psychosis ）

童年精神病，不像自閉症在學齡前兒童即已顯現。這些兒童在初次顯現精神病的症候前，常表現了正常的發展型態。其症候特徵的出現通常是逐漸的，在初期的一段時間其症候並不易引人注意的。

童年精神分裂症是童年精神病中，最被大家認識的症狀。這症候所表現特徵的類型與成人精神病相同。精神病的兒童可能展現思想紊亂的型式。他們可能變得退縮，或失去方向感，和遭受來自幻覺的痛苦。他們的語言能力可能減弱。他們亦可能展現不適當的氣氛變換和情感狀況。症候的發生與嚴重，因人而有極大的變化。陸特（ Rutter, 1985 ）認為精神分裂症的兒童比自閉症兒童有更多種變化的症候，精神分裂症的兒童較喜歡與別人接觸。

當考慮童年精神病與精神分裂症出現因素時，就如與自閉症相聯的因素一樣的多變，他們之間是有顯著差別。對童年精神分裂症而言，家庭關係是一個明顯的因素。蓋納思蔻（ Gianascol, 1973 ）發現家庭雙親中有一位患精神分裂症時，則其孩子有百分之十六的可能，同時罹患有精神分裂症。當雙親皆患精神分裂症時，其百分比將高達百分之四十（ Erlenmeyerkimling, 1968 ）。雖然專家們企圖為精神分裂症的遺傳因素找出一個例證，它必得指出兒童的行為表現正如其精神分裂症父母的行為，其模式乃

因精神分裂症父母的遺傳所致。於有精神分裂症母親的兒童研究，賽露夫等（Sameroff & Zax, 1978）建議不要將精神分裂症兒童單獨地連結到遺傳因素上。因學者們實無法否定童年精神病患者的成因，不是因其精神病患者的父母親教導所致。

參、恐懼症（Phobias）

　　兒童階段出現的另一社會情緒發展缺陷為過度憂慮（fear）或恐懼症。憂慮與恐懼本為個體發展過程中正常的情緒現象，憂慮會使個體思慮較周延，恐懼會使個體避免危險的發生。此種情緒的正常發展對個體原有益處，然若產生過度現象，則會造成個體適應上的困難。

　　過度憂慮是對環境某些情境或事物過度反應的持續行為表現，其結果常產生焦慮與退縮的行為。有過度憂慮傾向的人，漸漸地會企圖逃避產生憂慮的情境或事物。嬰幼兒對某特定情境、或事物表現憂慮與小心，如「怕生」行為，本是合宜，且沒有必要消除它。憂慮反應的發展有其生理學的基礎。在個體的生存與發展過程，憂慮反應是重要的，也是必要的。然當它轉成為過度憂慮時，就會成為社會情緒發展的極大障礙。

　　畢筑和貝爾（Bijou & Baer, 1961）認為過度憂慮行為的產生，是依循行為學派的古典制約（classical conditioning）理論。如一個二歲大的幼兒，每當其一人獨處時，就會碰上意外傷害。於是，他就將引起意外傷害原因的不正確做事方法或不小心做事態度給忘了，而把引起意外傷害原因與個人獨處結合在一起。促成此幼兒終致對個人獨處一事產生恐懼。

　　有些恐懼的產生則是由於家長對幼兒恐懼反應的過度注意。本來公雞啼並不致引起恐懼，設若一個三歲幼兒在公雞身邊玩，突然公雞啼，此時該幼兒因玩得太專心，所以被嚇哭了。在旁邊的家長便會給予刻意的呵護。當此種現象一再出現後，幼兒出現對公雞的恐懼反應，可能已變質，他不是真正怕公雞啼，而是期望得到因恐懼反應後的呵護。此乃行為學派增強理論的解釋。

肆、對抗行為（Oppositional behavior）

　　對抗行為是一種負向或不合作的行為表現。在兒童發展過程中，出現反抗階段，亦屬正常事，惟一般的反抗階段並不會持續太長的時間。若幼兒或兒童長久持續表現著對抗行為，那將成為一種社會情緒發展的缺陷。有對抗行為的兒童，常拒絕遵循要求。當他被要求做些他不喜歡的事時，就會表現出暴力行為，或拉長其發脾氣情緒表現的時間。學齡前幼兒的對抗行為都表現在親子互動的關係上。當幼兒出現對抗行為時，一般都比較容易得到家長的關注。而當幼兒展現出合宜行為時，他總是不易得到家長的關注。所以說，兒童學到負向或不合宜行為，其原因常被認為是來自家長。家長對幼兒對抗行為的關注，其影響極大，幼兒將因此而一直表現出對抗與不合作的行為。即使家長對其對抗或不合作行為給的是否定的關注（負增強），那還是一種關注，因家長對合宜行為，仍然不易表現關注。

　　親子之間若長久維持上述的互動型態，則對抗與不合作行為也將跟著持續下去。在這種情況下，家長容易因此產生教養上的挫折感，甚至引起家長對該子女的反感。此一反感也影響該名子

女的安全感，而更造成其社會情緒發展上的困擾。

改變對抗或不合作行為最有效的方法在於修正親子間的互動模式。家長應學會對其子女合宜行為直接給予正面的關注，而當其展現對抗或不合作行為時，除非有危險的可能性，家長應以忽視的技巧對待之，如此方能扭轉親子間的互動模式。

伍、攻擊行為（Aggression）

攻擊行為指的是個體表現出傷害他人或毀損財物的行為。正常發展過程中，攻擊行為在正當防衛的情況下，亦屬合宜的發展。若表現不當，則成為社會情緒發展上缺陷。攻擊行為或敵對行為（hastility），極明顯地阻礙兒童被成人或友伴的接納程度。當兒童想取得他人的注意與認同時，就會對個人的攻擊行為有所節制。當兒童出現攻擊行為時，對之做有效的處理是挺重要的。因攻擊行為不僅影響兒童的社會情緒發展，也會對他人造成傷害。

部份學者（如Rutter, 1975）認為腦傷會增加攻擊行為的出現率，也許這是真的。不過雖有治療者認為有攻擊行為的兒童，常有腦傷的現象存在，但總是難予舉證。此種情形造成了爭論：到底是因攻擊行為而認定其腦傷的症狀，或因腦傷而肯定其攻擊行為？此乃從生理心理學的觀點看兒童攻擊行為。

有些兒童之所以會有攻擊行為的表現，實肇因於其周遭環境存在有可供其模仿的攻擊行為模式。家長處理兒童行為問題時，以權威的體罰模式，就幫兒童塑造了攻擊行為的榜樣。喀庇甸（Kazdin, 1975）就認為體罰引導出兒童攻擊行為是明確的。而電

視也有無數攻擊行為的模式可讓兒童模仿，即使在卡通影片中也有很多的例子。像有對抗行為的兒童一樣，有攻擊行為的兒童也因其攻擊行為而得到家長較多的關注，甚至就因其攻擊行為才得到家長關注。所以當兒童表現出攻擊行為或對抗行為時，那就一點也不稀奇。

跟有攻擊行為兒童一樣，家長必需對其合宜行為給予較多關注與社會性的稱許。同時在兒童已習慣於使用攻擊行為或對抗行為當為取得他們想要事物的基本方法時，兒童也應被教導正確合宜的行為模式。兒童之所以會產生攻擊行為，往往由於未曾被教以合宜的社會行為，如助人、分享、合作等。除非這些兒童學會合宜的社會行為模式，否則其攻擊行為將剝奪和他人社會互動的機會。

陸、孤獨行為（ Isolation ）

有些兒童會將自己從群體中隔離開來。它可能是由於害羞，或退縮行為，甚或如自閉症、兒童精神症等嚴重社會情緒發展缺陷所引起。

害羞是兒童天生本質中，一種偽裝的能力，原為一種防衛能力，藉以對陌生的人、物、情境加以觀察、瞭解，以達成保護自己的目的。然當表現過度的害羞行為，它就成為一種躊躇的特質，或缺乏社會互動能力的現象。由於社會互動要求高度技巧，且人類社會認為社會互動是必要的，於是害羞兒童就被其家長及師長認為會有社會適應困難的問題。成人認為一個兒童若易害羞，則其社會情緒發展必受影響。這種態度容易讓害羞兒童覺得不被

接受，因而從人群中退縮。害羞兒童常從社會中得到一種害羞是不好的訊息，其自我概念將因之而變得較負向，而負向的自我概念又影響兒童，使兒童更為害羞或退縮。

輔導方式必要將兒童產生害羞的陌生情境因素消除。兒童的害羞行為其實並不是什麼錯誤，只因為社會文化標準不能接納。在早期介入的重點應偏重在良好自我概念的建立，而非在害羞行為的處理。自我接納應為促進社會情緒良好發展主要活動設計的一項。

明顯的退縮行為常因害羞行為而來的。退縮行為不僅不與他人接觸，甚至當他人要與其接觸時，他也會避開。害羞兒童可能避開與他人的接觸，但未至退縮的情況。而退縮行為兒童則不僅不尋求，而且也不要社會接觸與社會行為，因他根本討厭此種接觸。

退縮行為是許多嚴重社會情緒障礙症狀的一種。史純恩（Strain, 1981; 1974）曾用友伴模式（peer models）與增強技巧（reinforcement techniques）處理過退縮行為的兒童，確實減輕了學前兒童退縮行為的症狀。

第四節　結論

情緒障礙輕微者或僅影響其個人生活，但嚴重者必將干擾他人的生活與學習。固然有許多情緒障礙的因素迄今未明，但早期環境、經驗對日後發展扮演著重要的影響，確也不容否認，因此早期的介入教育就不能不重視了。

討論問題

一、影響嬰幼兒情緒發展因素中，那些是教育工作者能加
　　以運作控制的？
二、針對各種不同的嬰幼兒情緒障礙現象，您覺得教師的
　　角色是什麼？

參考書目

Als, H. (1982). The unfolding of behavioral organization in the face of biological violation. In E. Z. Tronick (Ed.), Social interchange in infancy: Affect, cognition, and communication. Baltimore: University Park Press.

Bailey, D. Wolery, M. (1984). Teaching infants and preschoolers with handicaps. Columbus, OH: Charles E. Merrill.

Baumrind, D. (1967). Child care practices anteceding three patterns of preschool behavior. Genetic Psychology Monographs, 75, 43–88.

Bijou, S. W., & Baer, D. M. (1961). Child development: A systematic and empirical theory (Vol. 1). New York: Appleton–Century–Crofts.

Block, J. H. (1982). Gender differences in the nature of premises developed about the world. In E. K. Scapiro & E. Weber (Eds.), Special Children: An integrative approach.

Glenview, IL: Scott Foresman.

Brooks–Gunn, J., & Lewis, M. (1982). Temperament and affective interaction in handicapped infants. Journal of the Division for Early Childhood, 5, 31–41.

Dawson, G. (1983). *Lateralization of brain function in autism. Hournal of Autism and Developmental Disorders, 13, 369–386.*

Easterbrooks, M. A., & Lamb, M. E. (1979). *The relationship between quality of infant-mother attachment and infant competence in initial encounters with peers. Child Development, 50, 380–387.*

Erlenmeyer–Kimling. L. (1968). *Sturies on the offspring of two schizophrenic parents. In D. Rosenthal & S. Kety (Eds.), The transmission of schizophrenia. Elmsford, NY: Pergamon Press.*

Fein, D., Skoff, B., & Mirsky, A.F. (1981). *Clinical correlates of brainstem dysfunction in autistic children. Journal of Autism and Developmental Disorders, 11, 303–316.*

Garmezy, N. (1975). *The study of competence in children at risk for severe psychopathology. In J. F. Anthony, & C. Koupernik (Eds.), The child in his family at psychiatric risk. New York: Wiley.*

Gianascol, A. J. (1973). *Psychodynamic approaches to childhood schizophrenia: A review. In S. A. Szurek & I. N. Berlin (Eds.), Clinical studies in childhood psychosis: 25 years in collaborative treatment and research. New York: Brunner/ Mazel.*

Glueck, S., & Glueck, E. T. (1950). *Unraveling Juvenile de-*

linquency. Cambridge, MA: Harvard University Press.

Goldsmith, H. H. (1983). Genetic influences on personality from infancy to adulthood. Child Development, 54, 331–355.

Kanner, L.(1943). Autistic disturbances of affective contact. Nervous Child, 2, 217–250.

Kazdin, A. E. (1975). Behavior modification in applied settings. Homewood, IL: Dorsey Press.

Keough, B. K. (1982). Temperament: An individual difference of importance in intervention programs. Topics in Early Childhood Special Education, 2, 25–31.

Langlois, D. H., & Downs, C. A. (1979). Peer relations as a function of physical attractiveness: The eye of the beholder or behavioral reality. Child Development, 50, 409–418.

Lerner, R. M., & Lerner, J. (1977). Effects of age, sex and physical attractiveness on child-peer relations, academic performance, and elementary school adjustment. Developmental Psychology, 13, 585–590.

Lieberman, A. F. (1977). Preschoolers' competence with a peer: Relations with attachment and peer experience. Child Development, 48, 1277–1287.

Lozoff, B., Brittenham, G., Trause, M. A., Kennell, J., & Klause, M., (1977). The mother-newborn relationship: Limits of adaptability.Journal of Pediatrics, 91, 1–12.

Maccoby, E. E., & Jacklin, C. M. (1974). The psychology of sex differences. Stanford, CA: Stanford University Press.

McDavid, J. W., & Harari, H. (1966). Stereotyping of names and Popularity in grade school children. Child Development, 37, 409–418.

Omitz, E. M., & Ritvo, E. R. (1977). The syndrome of autism: A Critical review. In S. Chess & A. Thomas (Eds.), Annual progress in psychiatry and child development. New York: Brunner/Mazel.

Pastor, D. L. (1981). The quality of mother-infant attachment and its relationship to toddlers' initial sociability with peers. Developmental Psychology, 17, 326–335.

Quinton, D., & Rutter, M. (1976). Early hospital admissions and later disturbances of behavior: An attempted replication of Douglas' findings. Developmental Medicine and Child Neurology, 18, 447–459.

Rogers, S. J., Herbison, J. M., Lewis, H. C., Pantone, J., & Reis,K. (1986). An approach for enhancing the symbolic, communicative, and interpersonal functioning of young children with autism and severe emotional handicaps. Hournal of the Division for Early Childhood, 10, 135–148.

Rutter, M. (1971). Parent–child separation: Psychological effects on children. Journal of Psychology and Psychiatry, 12, 233–260.

Rutter, M. (1975). Helping troubled children. New York: Plenum.

Rutter, M. (1978). Early sources of security and competence. In J. S. Bruner, & A. Garton (Eds.), Human growth and development. London: Oxford Unifersity Press.

Rutter, M. (1984). Issues an prospects in developmental neuropsychiatry. In M. Rutter (Ed.), Developmental neuropsychiatry. New York: Guilford Press.

Rutter, M. (1985). Infantile autism and other pervasive developmental disorders. In M. Rutter & L. Hersov (Eds.), Child and adolescent psychiatry: Modern approaches (2nd ed.).Oxford, England: Blackwell.

Rutter, M. (1986). Infantile autism: Assessment, differential diagnosis and treatment. In D. Shaffer, A. Erhardt, & L. Greenhill (Eds.), A clinical guide to child psychiatry. New York: Free Press.

Sameroff, S. J., & Chandler, M. J.(1975). Reproductive risk and the continuum of caretaking casualty. In F. D.

Horowitz, E. M. Hetherington, S. Scarr–Salapatek, & G. W. Siegel (Eds.), review of child development research (Vol.4). Chicago: University of Chicago Press.

Schacter, S. (1959). The psychology of affiliation. Stanford, CA: Stanford University Press.

Schopler, E., & Mesibov, G. B. (1986). Introduction to social behavior in autism. In E. Schopler & G. B. Mesibov(Eds.), Social behavior in autism. New York: Plenum.

Serbin, L. A., O'Leary, D. K., Kent, R. N., & onick, I. J. (1973). Acomparison of teacher response to the preacademic and problem behavior of boys and girls. Child Development, 44, 796–804.

Strain, P. S., Kerr, M. M., & Ragland, E. V. (1981). The use of peer social initiations in the treatment of social withdrawl. In P. S. Strain (Ed.), The utilization of classroom peers as behavior change agents. New York: Plenum.

Styczynski, L. E., & Langlois, J. H. (1977). The effects of familiarity on behavioral stereotypes associated with physical atractiveness in young cildren. Child Development, 48, 1137–1141.

Svejda, M. J., Campos, J. J., & Emde, R. N. (1980). Mother-infant "bonding": Failure to generalize. Child Development, 51, 775–779.

Thomas, A., & Chess, S. (1977). Temperament and development. New York: Bruner/Mazel.

Thomas, E. B., Liederman, P. H., & Olson, J. P. (1972). Neonatemother interaction during breast feeding. Developmental Psychology, 6, 110–118.

Walder, E. F., Cudeck, R., Mednick, S. A., & Schulsinger, F. (1981). Effects of parental Absence and institutionalization on the development of clinical symptoms in high-risk children. Acta Psychiatrica Scandanavica, 63,

95–109.

Wolkind, S., & Rutter, M. (1973). Children who have been "in care": An epidemiological study. Journal of Child Psychology and Psychiatry, 14, 97–105.

第6章 嬰幼兒特殊教育診斷

嬰幼兒的診斷是從事嬰幼兒特殊教育中的第一步重要工作。只有經過詳細且正確的診斷,才能瞭解嬰幼兒的實際情況與需要,也才能規劃出合宜的介入教育方案。但要想對嬰幼兒做一理想的完整診斷實在並不容易。因為嬰幼兒的表達能力有限,往往無法表達出其真正的意念;加上國內嬰幼兒診斷工具的欠缺,目前所有的診斷工具並無法發現嬰幼兒的實際能力與特殊的需要;嬰幼兒的診斷專業人員亦不足,沒有足夠的診斷專業人

員可為有特殊需要嬰幼兒做必要的診斷；這些都是足於影響正確
診斷的條件。也因而在這部份特別用較多的篇幅介紹有關的理論
、過程與模式，供有心者深入探討。

第一節　嬰幼兒特殊教育診斷理論

　　診斷是用來幫助完成早期有效介入與教育的任務。若適當地
使用，診斷確能幫助查出嬰幼兒的需要和產生問題的原因；找出
嬰幼兒能力所在與弱點，因而提出合宜的教育協助計畫；瞭解家
庭的特殊情況與需要以助計畫之進展；掌握嬰幼兒行為、成就與
家庭需要改變的資訊；以評估有效的教學、療育，與其他相關服
務努力的成效。

　　不同的診斷目的需要不同的診斷材料與程序（ Neisworth, &
Bagnato, 1988 ）。為找出嬰幼兒可能的特別需求所用的工具，
就不同於為提供嬰幼兒適當教育目標細節（程式計畫）需要的工
具。同樣地，基於瞭解嬰幼兒進展的情況與介入影響的效果，某
些特別的材料將是現成可用的（ Bailey, & Wolery, 1989 ）。家
庭需要和資源也應被評估與瞭解，而這些診斷過程也需要不同的
診斷材料與方法（ Bailey, & Simmeonsson, 1988 ）。為了達成
這麼多樣性工作目的的診斷，在早期教育所需的診斷，應有以實
用合宜為基礎的工具，才可能達成如此廣泛的目的。

壹、診斷的基本觀念

診斷在嬰幼兒特殊教育中確有必要性，但並非隨便做個診斷就能達成幫助有特殊需要嬰幼兒的效果。在嬰幼兒特殊教育中，它所需的診斷應是：

一、對早期介入與教育的規畫必得有所幫助。

診斷有其實用意義存在已不用再贅述，但許多傳統的診斷對幫助嬰幼兒的特殊教育並不一定有用。用來診斷嬰幼兒的材料和程序，應能滿足某些處理意義上的標準（Hayes, Nelson, & Jarrett, 1987）。也即是說要對嬰幼兒實施任何診斷，它需符合下列要求：

㈠診斷所得的資訊，必須能清楚地界定需改變的發展或行為，及他們改變後所要達成的目標。

若診斷祇能協助界定一種情況，如僅給嬰幼兒一個聽覺障礙或智能障礙的標記，那是不足的，也沒有意義。應該引用較精細的發展或行為概念，諸如：注意力的問題、精細動作協調、發展固著、或知覺的限制等概念，具體說明該嬰幼兒各種發展的情形。此外，由診斷所發現嬰幼兒的特殊需要，亦應能詳細描述出來。像「困擾人格」、「智能低下」、或「輕微腦傷」等用詞，實非有意義的結果說明。大體上說來，有處理意義的意思為，診斷一定要精確界定特質與需要，而它們皆能因透過教學、治療、與改變嬰幼兒環境，得到改善或滿足。

㈡診斷應有助於選擇與導引處理的活動。

　　診斷應能協助選擇主要有益的服務、材料、或方法。診斷或許很方便去界定問題，但那不是可用的服務，祇有很小處理意義的診斷，沒有什麼特別價值。診斷應在界定需要改變的發展或行為，及他們要改變的目標後，能協助針對這些發現，提出有關合宜教材、適當教法、相關服務等計畫，以改善或滿足嬰幼兒的特殊需要。

(三)診斷必需能有效地幫助評價介入計畫方案。

　　要達到此項功能的水準，診斷應具有彈性。如應對診斷的方法和材料的效果提供回饋，並能因不同的目的要求而適度變更診斷的方法和材料，使診斷除了達到真正瞭解嬰幼兒的特殊需求外，亦能滿足其評價介入計畫方案的功能。專家對方案的責任應瞭解到很多傳統的評量（如智商、人格），實無法滿足當前診斷精神的要求，這對評鑑是沒用的（Neisworth, & Bagnato, 1992）。由於這些傳統量表的內容包含的項目太少，或內容項目間的差距太寬廣，以致於無法查出受測者真正能力所在（Bagnato, Neisworth, & Munson, 1989）。

二、診斷必需對嬰幼兒的早期介入教育規畫有實際的價值，及能被參與規畫人員和家長所接受。

　　當個專家，應有能力瞭解設計和組合實用診斷方法與工具，以符合某些有效性社會標準的重要性（Neisworth, & Fewell, 1990）。只有如此才會認真設計或組合一實用的診斷方法與工具。

(一)診斷應能有效地界定被認為有價值與重要的介入教育或發展目標與方針。

祇界定該嬰幼兒是否有特殊需要，對嬰幼兒未來的教學或治療方針沒能產生影響作用，那是不夠的。極多傳統診斷工具內容的評量結果說明，根本不足於當發展或教育的方針，如堆積木、圓柱穿洞、單腳站立等項目，若祇記錄其通過與否，那對釐定介入教育或發展計畫，並無助益。父母和老師必須能從那些經診斷出來的標的，找出值得包含於個別化家庭服務計畫（IFSP）或個別化教育計畫裡的重要資料，如同發現嬰幼兒的起點行為，或未來的教育或發展的目標（Bagnato et al., 1989）。同樣，方案效度的診斷必需考驗嬰幼兒有意義改變的尺度及方向。評定變化的大小必定得達到被接受的顯著度，診斷工具所得的整體數據或統計上顯著變化，並不能被認定具有社會或實用的顯著意義。

㈡診斷材料與方法必須是能被相關人員所接受的。

所謂相關人員是指所有與受試者相關的人員，如父母、老師、或嬰幼兒本人，他們是否都能認同所使用的診斷工具和方式。要求相關者接受診斷與認識它的重要性，需先使其對所選用的診斷工具與方式產生必要的信賴及對該診斷工具和方式的效度有明確的認識。所以使用社會上大家認同的診斷材料和程序是較能被相關的人員接受（Bailey & Simmeonsson, 1988）。國內現有可用嬰幼兒診斷工具相當有限，在選用上較困難，工作人員需要依發展順序自編檢核表使用。

三、診斷應有各種不同且廣泛的資訊做為判斷的決定基礎

沒有任何單一的測驗工具、測驗方法、測驗者、或場合可以當為正確診斷的足夠依據。此即意謂著應從許多最能正確發現嬰幼兒狀況或進展的不同來源、工具、安置、和場合去蒐集各種可

靠的足夠資訊。另外，診斷必需檢驗嬰幼兒發展多方面領域的功能，而非只狹窄地注意在其缺陷上。此種模式稱之為會聚式診斷模式。使用會聚式的診斷模式有二個優點：

㈠對嬰幼兒發展和行為做更充分、更寬闊的抽樣調查，如此方能增加了由診斷所得評斷的有效性。

㈡來自多種專業配合的嬰幼兒綜合觀點。

所以會聚式診斷應包含下述標準（Bagnato, & Neisworth, 1990）：

㈠診斷測驗應包含多種型態的評量（如：常模標準、課程標準、效標參照標準、生態標準）與觀察和面談，以便對嬰幼兒狀況、需要、與進展提供最有效的評價。診斷不應祇集中焦點於單一發展的方向，而應發展出包含一切的內容（如：語言、動作、社會與認知、和其他方面）。此種觀念係受到「發展的各方面皆有交互影響的關係，若某方面的發展有了問題，將會影響及其它方面的發展」看法的影響。

㈡診斷資料的取得應包含從父母與其他重要相關人員—他或許能補充或質疑其他的發現--得來的訊息與報告。不論是父母、心理學家，教師、或其他專業人員，沒有任何單一的觀點資訊能完整有效地，對嬰幼兒的能力、弱點、與發展潛能加以明確有用的描述（Gibbs, & Teti, 1990）。父母和專家兩者都應是診斷和臨床判斷的有效資訊，再加上嬰幼兒各種不同功能領域才能的獨特與有價值的資訊。診斷的判定最好經過專家與父母的合作努力而確定。由團隊做決策為達成家庭需要，提供一個更充滿訊息與豐富遠景的最佳途徑。

㈢診斷，特別是針對嬰幼兒的診斷，應在多種不同的情境下完
成。嬰幼兒在時間上，每個月，每個星期，甚至是每天都有
快速的變化，他們的表現隨時都會有不同；在地點上，日常
生活環境下，陌生環境下，也會有不同的表現；在人員方面
，針對不同的失策者，嬰幼兒更會有不同的反應。在這些因
素的影響下，要對嬰幼兒發展做較合宜的評量，必得利用不
同的情境，對嬰幼兒的進展加以追蹤觀察，從而找出有特殊
需要嬰幼兒在各方面真實且穩定的變化和發展的趨勢（
Bagnato & Neisworth, 1991 ）。才能對有特殊需要嬰幼兒
早期介入教育計畫的規畫，提供可靠的參考資訊。

　　總而言之，早期介入教育所需要的診斷，應是強調實用性質
的，當它能符合處理意義、社會效度、與被理解的標準時，它才
是有價值的診斷。同時，在決定診斷程序和結果認定時，也應與
所要服務的嬰幼兒家庭一起合作的，才可能發揮診斷與所規畫教
育服務計畫的效果。

第二節　嬰幼兒特殊教育的診斷過程

　　「有特殊需要的嬰幼兒」一詞所強調的重點即在於特殊需要
，每位嬰幼兒皆有其各種不同的需要，惟「有特殊需要的嬰幼兒
」其需要將更不同於普通嬰幼兒。通常對其特殊的狀況，大家比
較能體會。但關於其需要的性質不僅一般人不易瞭解，即使是專
業的特殊教育工作者，若未經過適當的診斷程序，運用適當的診

斷工具和方式，也不見得能掌握其需要的特質。所以「有特殊需要的嬰幼兒」的診斷是瞭解「有特殊需要的嬰幼兒」的方法，要正確掌握「有特殊需要的嬰幼兒」的需要，則診斷是必須的。

診斷並非隨意對嬰幼兒施予某種測驗即可，其理已明述於前節中。而針對診斷的過程也不應掉以輕心，或草率，應有詳細的規畫與步驟。基本上，「有特殊需要的嬰幼兒」診斷的步驟，一般約可分有定位（locating）、篩檢（screening）、診斷（diagnosing）、評量（evaluating）等四個步驟（Lerner, Mardell-Czudnowski, & Goldenberg; 1987）。

壹、定位

若嬰幼兒特殊教育祇界定在幼兒園階段，定位此一步驟就比較簡單些，不致於太複雜繁難了。然整個嬰幼兒特殊教育的層面涵蓋了嬰幼兒階段，基於嬰幼兒特殊教育落實的需要，定位這步驟還是不可少。

定位的過程是整個診斷中的第一步驟，它可能需有下列的活動：

一、界定對象目標

特殊教育受教的對象，若以目前終生教育的觀點來看，應是包括任何年齡層次的每位障礙者。不過，在嬰幼兒特殊教育階段就無法做到全面的照顧，僅能以出生到六足歲前的嬰幼兒做為對象。亦非以所有的嬰幼兒為對象，而是以在生理、社會、智能、情緒、動作、溝通能力等領域裡的某一或某幾個領域有缺陷或某

種型態的遲緩，需要特殊的輔導、附加或特別的支助，才能在社會（家庭或社區）、或學校裡達到某種程度的成功獨立生活者為對象。

二、促進服務的公共意識

在一個社區內設置障礙者的教養機構或收容所，常會遭到抵制或抗爭。民國七十年代初期，私立第一兒童發展中心要遷進台北市的一個社區時，就曾遭遇強烈的抵制。七十年代末期台北市政府社會局要在雙和地區設立重度障礙者收容所時，亦同樣遭到極大的阻力，可見社會觀念對特殊教育的影響之大。要想嬰幼兒特殊教育能順利推動，喚起促進服務的公共意識也是定位步驟中不可少的活動。

喚起公共意識的方法有許多，國內可行之道有不當觀念的解除、公告、宣傳小冊、巨幅海報、電台及電視台的插播廣告、重要地點（如超級市場、醫院的候診室）的海報、學生帶回家的傳單、里（村）民大會等。在這許多的方法中，後面的方法其實都在完成第一項活動「不當觀念的解除」的目的。抵制障礙者進入社區的主要原因在於對障礙者認識不清，有不當的誤解所造成，如能破除此些不當觀念（如傳染、影響房地產價值、會傷害其他居民的子女等），則推動嬰幼兒特殊教育就不難了。

運用上述方法時，應注意下列諸原則：

(一)瞭解不同社區的異質性與各社區內的複雜性

不同的社區有不同的特質，文化區、商業區、農業區等等皆有相當差異的價值觀。而任何一個社區裡，不論規模的大小，皆有許多小團體存在。每一個小團體又都有各自不同的價值觀，要

喚起他們的共識，就要針對其價值觀著手，才能見功效。

(二)對社區傳遞主要概念

包括一般嬰幼兒發展的指標、各類有特殊需要嬰幼兒的特質及他們早期的特徵、早期介入和有效服務的重要、及這些嬰幼兒對自由與合適教育的要求，及有特殊需要嬰幼兒早期介入效果對社區的影響。

(三)發展一個廣泛基礎、多層面的宣導系統

這就是常用重覆接觸，以增加發現所有有特殊需要嬰幼兒的機會。此項宣導系統的推展若能有良好的規畫，並不會增加太多經費。

(四)先決定要努力達成的目標是什麼、及如何去評量是否達成目標

應考慮的變項有價值、時間、在該努力過程中所能發現特殊嬰幼兒的百分比、所產生的大眾氣氛（正向或負向）等。評量時並不一定要用複雜的方法，只要能取得瞭解即可。

三、鼓勵推薦

凡是服務嬰幼兒的機構或人員，如幼兒園、托兒所、育幼院、教養院、托嬰中心、小兒科醫院、一般醫院、衛生所、心理衛生中心，和教師、醫師、牙醫師、精神學家、心理學家、職能治療師、語言治療師、保育員等等都有責任舉薦有特殊需要嬰幼兒，並依其自身的能力提供相當的服務。亦可由義工從事挨家挨戶拜訪住戶、電話訪問，以發現有特殊需要的嬰幼兒。最好的方法應是結合醫療、教育、社會福利部門的力量成立通報系統，祇要嬰幼兒到醫療單位被診斷為有特殊服務的需要時，立即通知需配合的相關單位，如教育單位或社會福利單位，對該嬰幼兒做全面

且最完整的服務。其它單位發現亦然。民國八十學年度，當時的台北市長黃大洲先生，曾指示台北市政府衛生局協調教育局、社會局對台北市的智能障礙兒童（含嬰幼兒）做一預防產生智障兒童及事後補救措施的整體規劃（民國八十一年三月五日），其精神應即在先建立通報系統，再結合三個部門的力量做完整的服務。可惜，當時擬出的計劃並未能看出三個部門如何配合的規畫。直到今日亦未見正式組成通報系統，令人遺憾。

四、說服社區接納需要幫助的孩子

此項重點可併在「促進公共的服務意識」項下一起進行。

貳、篩檢

篩檢工作目的在利用簡便、快速的方法，對嬰幼兒做一初步診斷的工作，藉以瞭解嬰幼兒是否與普通嬰幼兒有所不同，是否有特殊需要的現象存在？進而決定應否做更詳盡的診斷。篩檢確可協助早日發現有特殊需要的嬰幼兒。依篩檢的範圍區分，一般的做法有三：

一、全面篩檢

衛生部門可要求婦產單位對新生嬰兒做全面篩檢，或教育單位對學齡兒童做全面篩檢。在其它的情形下，要對嬰幼兒做全面篩檢，都不是件容易的事。但在今日一般民眾的知識水準下，幾乎已經沒有孕婦不到合格的婦產單位生產的。所以只有要求新生兒全面篩檢，才是最佳的方法。

二、特定團體（如幼兒園、托兒所）篩檢

　　為了推動嬰幼兒特殊教育，需對需求量做一番推估，以便計畫能真正滿足嬰幼兒特殊教育的需要。若能做新生兒的全面篩檢，及建立障礙者通報系統的話，那是最理想的事。但依目前國內行政單位的本位觀念，要想達成對嬰幼兒特殊教育需求量的推估，祇好寄望於教育單位依過去兩次全國特殊兒童普查的魄力，做一次全國幼兒園有特殊需求幼兒普查的工作。祇是當前幼兒教育尚非義務教育，並不是所有三足歲的幼兒皆已進入幼兒園，即使對幼兒園園童做全面普查，也不能掌握有特殊需要嬰幼兒的明確數據。不過針對某些特定團體嬰幼兒做篩檢工作，實為在未能全面篩檢之前，退而求其次的可行之策。

三、對被推薦對象做篩檢

　　現今國內推動嬰幼兒特殊教育的方式，僅能針對被推薦對象、或家長主動請求的對象，做必要的篩檢，這實非得已。其實依目前的實際情況，連對被推薦者做篩檢的工作都令人感到難過。臺北市政府教育局在所屬公立幼兒園或國民小學附設幼兒園，附設了六班幼兒啟智班，希望收容四十八名智能障礙幼兒進行教學，從民國七十七年八月到現今，從沒有一年招足過學生。雖然市政府也利用媒體發佈過新聞，然一直都沒法改變招生不足的現象。雖說招生不足的因素極多，不能直接歸因於單一因素，但也不得不承認有可能是宣導不足及家長的不能面對事實。若無法改變此一現象，所謂對被推薦對象做篩檢的工作將永無法落實。不過在決定嬰幼兒是否有接受特殊教育的必要時，對被推薦者做篩檢

仍是必要且不可少的工作。

　　將來若要全面推動嬰幼兒特殊教育，應做到新生兒的全面篩檢，及對被推薦者做篩檢兩者並行才行。因為有特殊需要的嬰幼兒，不一定皆發生在出生之前，有不少是在生產以後才發生的。若只對新生嬰兒做全面篩檢，將會遺漏掉那些在出生後才發生障礙現象的嬰幼兒，故必要兩者兼具才不會有遺漏的現象。

　　進行篩檢工作的過程中，應注意選擇篩檢項目、慎選篩檢工具、訓練篩檢工作人員、擬訂篩檢工作計畫、說明篩檢結果、及正視篩檢工作態度等重點。

一、選擇篩檢項目

　　篩檢項目有視力、聽力、認知、口語與語言、粗動作與精細動作技巧、視知覺與聽知覺、自理技巧、社會及情緒狀態等，但並非每位嬰幼兒都得做完每個篩檢項目，要針對每位嬰幼兒的情況來決定應做的篩檢項目。

其選擇的依據為：

　㈠家長對嬰幼兒發展及可能障礙情況的描述。

　㈡專業測驗工作者對嬰幼兒初步觀察所得。

專業測驗工作者根據此些訊息決定篩檢的項目。

二、慎選篩檢工具

　　本來在決定篩檢項目之後，應慎選篩檢工具。但依國內的現況，實在談不上「慎選」，而是能找到可用的篩檢工具，就已心滿意足。現在應是鼓勵國內學者多發展篩檢工具，好幫助嬰幼兒篩檢工作的順利進行。因而選擇篩檢工具，在目前已不是討論的

重點。然在理想工具未具備之前，為了幫助工作者能在做詳細診斷之前，對嬰幼兒的障礙情況做一簡略的瞭解，仍願介紹些非正式的篩檢方法。若嬰幼兒的障礙現象是屬於中、重度時，其外表的徵象應是相當明顯，即使不做篩檢，也應可憑經驗做判斷。祇有輕度障礙嬰幼兒，其徵象較無法一下子就看出來。如果針對視力、聽力或動作能力則較容易：可在嬰幼兒腦後的左右兩邊，利用發聲工具發出適度的音量，然後觀察嬰幼兒是否有合宜的聽力反應；用較醒目的用品或玩具，在嬰幼兒眼前適度的距離左右緩慢移動，再觀察嬰幼兒是否有合宜的視力反應。根據一般嬰幼兒的動作發展概況，去觀察該嬰幼兒的動作表現，或要求該嬰幼兒做些動作，以掌握其動作能力的發展水準。從嬰幼兒的口語對答觀察語言的反應。這些工作在位有經驗的專業測驗工作者，也都還沒問題。惟獨認知能力一項就比較困難，為目前極需發展工具的項目。

　　在此介紹一份新生嬰兒可用的生理篩檢參考工具"Apgar Rating Scale"（Apgar, 1953）。

㈠出生後一分鐘和五分鐘各做一次。

㈡項目：有心跳（heart rate）、呼吸（respiratory effect）、肌肉彈力（muscle tone）、興奮反應（reflex irritability）、顏色（color）等五項。

㈢評分標準

此標準的得分越高越表示嬰兒生理的狀況良好，十分為滿分

項　　　目	評　　　　分　　　標　　　準		
	0	1	2
心　　　跳	完　全　沒　有	緩慢，每分少於100次	超　過　100　次
呼　　　吸	完　全　沒　有	緩　慢，　沒　有　規　則	好，　會　哭
肌　肉　彈　力	軟弱沒氣力	有　　　些　　　彈　　　力	彈　力　良　好
興　奮　反　射	沒　有　反　應	哭	哭
顏　　　色	藍，　蒼　白	身體粉紅，四肢藍	完　全　粉　紅

三、訓練工作人員

　　一件工作能否成功，工作人員是關鍵因素。針對嬰幼兒的篩檢工作，人員訓練更是不可忽視的環節。不祇工作人員要熟悉每個工作細節，才能做好每個工作的細節，同時要每位工作人員皆熱愛此工作，且也具有專業精神與水準。因此，針對工作人員的訓練應是專業精神與專業智能並重，理論與實務兼顧。

四、篩檢計畫安排

　　計畫必需包括組織、工作流程、及與家長的聯繫。也即是參與工作的有幾人，每人的工作分配。整個工作過程中，那件先做，那件次之，何時做何事。家長參與的安排等等都需列入計畫。參與工作的人員應對篩檢工作有全面的瞭解，每個工作人員對自己的工作，及其與整個工作計畫的關係，也要有清晰且明確的概念。

五、說明篩檢結果

　　篩檢完畢，應該就結果提出建議報告。通常篩檢結束後，其建議報告可能出現的意見有該嬰幼兒正常或需要再做更詳細的診斷兩種。在報告中應明確說出該嬰幼兒可能有需要接受特殊教育及相關服務的必要，因而需再做詳細診斷的判斷依據；或該嬰幼兒確實沒有問題，請家長寬心勿慮。也可能該嬰幼兒雖沒有明確的特殊需要，但在撫育上，仍有些建議需要家長注意或加強。測驗專業工作人員在對家長說明或解釋這些結果時，應該要相當的慎重。

六、篩檢的正確態度

　　篩檢在觀念上應瞭解到：

㈠篩檢是針對現時現景：篩檢的重要在於接續而來的診斷與介入服務，不幸的是，多數人祇重視篩檢的結果，而不重視後續的診斷與介入的服務，這實是本末倒置的做法。篩檢所得的結果僅是就當時嬰幼兒的表現做瞭解，不應擴延去解釋所得的結果。

㈡篩檢不一定能做正確的診斷：許多篩檢工具本身的信度並不足於協助做正確診斷與適當安置，僅能做初步的瞭解，藉以幫助決定是否需要進一步的診斷。因此絕不能僅靠簡單的篩檢就判斷嬰幼兒是否需要特殊教育或相關的服務。

㈢篩檢的目的祇為了瞭解嬰幼兒是否有特殊需要的可能情況，而非據以判斷嬰幼兒發展的情況與真正問題的所在。

㈣篩檢本身是孤立的，針對單一事件。因為要求快速，所以每

次篩檢僅能針對單一領域，無法像診斷般的，同時針對幾個領域去深入瞭解。

(五)篩檢往往變成自我應驗的預言：對家長必需審慎說明篩檢的意義及其限制，也應告訴家長面對結果的正確態度。否則，對被認為可能有特殊需要的嬰幼兒，家長將因而降低對他的期望，並產生「自我應驗」的預言效果。

(六)篩檢結果應做成結論與建議，對該嬰幼兒是否有再做更深入診斷的必要？理由安在？需要深入診斷的領域為何？提出適當的說明，以便決定後續的步驟。

參、診斷

診斷的意義在於針對被懷疑可能有特殊需要的嬰幼兒，利用各種診斷工具或技巧，對該嬰幼兒施以測驗、觀察、晤談、家庭訪視等等方式，蒐集該嬰幼兒的有關資料，據以對該名嬰幼兒的各種能力做成判斷，並供做為教學計畫上的參考資料。

在第二步驟談完篩檢，現又接著談診斷，二者之間的差別又何在？事實上二者同為瞭解嬰幼兒的手段，同樣需運用測驗、觀察、晤談、家庭訪視等等方式去蒐集資料，以瞭解嬰幼兒。然在做法上，二者確有相當程度的的差異存在。篩檢與診斷其不同處有：

一、目的不同

篩檢重在對問題的初步瞭解，診斷則在做症狀的判定。

二、工具不同

　　篩檢的工具簡單，施測容易快速，診斷的工具繁複，施測費時費力。

三、結果不同

　　篩檢結果供決定是否需要做診斷，診斷結果供決定是否需要特殊教育與相關服務。下圖可做兩者不同的比較說明：

		診 斷	
		是	否
篩 檢	是	高危險群 （ 正 確 ）	錯 誤 （不必推薦）
	否	錯 誤 （應該推薦)	常 態 （ 正確 ）

　　（ 本表係修定 Lerner, Mardell—Czud-nowski, & Goldenberg, 1987, p.87之圖表而成 ）

　　診斷既與篩檢有所不同，在整個內容上也自應有差異。診斷的內容應包含嬰幼兒各方面的領域；如學習型態、學習環境、各項感官功能（ 含聽覺、視覺、觸覺、運動覺 ）、認知發展、社會及情緒發展、自理能力、溝通能力等（ Mamer, & Gleason, 1993 ）。茲分別說明各領域的診斷重點如下：

一、學習模式

　　㈠瞭解嬰幼兒的探究策略。嬰幼兒檢驗的是什麼類型的對象？

　　需要多少幫助或鼓勵？

㈡那種類型的增強對這位嬰幼兒最有效—社會的讚美、食物、喜歡的玩具、光、音樂、身體的接觸？

㈢嬰幼兒學習新的工作需要多少老師或看護者的比率協助其改善，練習，完全熟悉該工作？

㈣嬰幼兒是否會有妨礙學習的行為？這些行為是否有探究的需要？如何處理這些行為？

㈤嬰幼兒對工作的注意力，一次能維持多久？是否會因不同的工作類型而有差異？

㈥取得嬰幼兒注意的方法有眼光接觸、手勢或身體姿勢、聲音、口語、身體接觸、實物提示、或多種方法的結合等，那一種方法最有效？假如嬰幼兒對一件工作失去注意的興趣，此一注意的興趣能否再得到？如何再得？

㈦嬰幼兒是否會因視覺、聽覺、觸覺而分心，若透過一般的過度刺激呢？

㈧嬰幼兒能夠依循實物的示範、視覺的示範、手指的暗示、口語的說明嗎？

㈨嬰幼兒能夠將所學得的技巧遷移運用到新情境，新對象嗎？譬如，他在學校已經學會了打開螺絲與門栓，他在家裡是否也能夠打開牙膏頂端的蓋子？

㈩嬰幼兒的最佳狀況是什麼？

㈠嬰幼兒最舒服的座位是如何？

二、學習環境

㈠敘述嬰幼兒住家與房間和環繞學校區域的一般情形：包含關

於亮度，對比，活動標記，噪音程度，喧吵的量度和一般空間的組織等的資訊。

㈡誰是嬰幼兒最可能互動的對象──同儕，成人？

㈢嬰幼兒在各樣不同的環境中，其功能受到何種影響？

㈣嬰幼兒在家裡和學校裡的每日活動中，他們是如何利用現成的環境條件？

㈤成人要如何示範彈性適應環境的器材、方法、策略較能符合嬰幼兒的特別需要？

㈥以何種活動的類型，人們能舒適地跟嬰幼兒一起生活與工作？應考慮他們對散亂活動、結構活動、現成可用時間等的容忍度。

㈦敘述嬰幼兒可用的任何調適設備。

㈧考慮學習環境時，應真實地將嬰幼兒帶進自然的現在環境如住家、學校、社區、休閒活動環境，同時要特別注意嬰幼兒的發展與功能及年歲相當的活動與學習狀況。

三、感官功能

㈠問雙親、看護者、老師等人，以瞭解他們對嬰幼兒視覺、聽覺、觸覺、運動覺等各項能力的看法如何？這常是開始討論的好方法。

㈡嬰幼兒的各項感官功能是否靈敏？

㈢嬰幼兒是否針對某一特定的對象或人物格外注意？

㈣嬰幼兒是否針對某一特定的時間或活動格外注意？

（以下針對視覺障礙嬰幼兒）

㈤什麼樣尺寸或顏色的對象較易引起嬰幼兒的注意？在什麼樣

的距離較會引起嬰幼兒的注意？

㈥嬰幼兒是否戴眼鏡？什麼時候開始戴？當他戴眼鏡時，表現上是否有差異？

㈦不同照明狀況是否影響嬰幼兒的反應？其反應的情形如何？

㈧在不同的活動或位置，及某些類似情境或型態，嬰幼兒的視覺注意是否會增加或減少？

㈨嬰幼兒視覺注意力能維持多久而不疲勞？

㈩嬰幼兒是祇單獨運用視覺、觸覺、聽覺或結合各種感覺去探究周遭的環境和物品？

(十一)當東西掉落或不見時，嬰幼兒是否會有找尋的表現？在什麼樣距離的環境下尋找？又如何找尋？

(十二)嬰幼兒精細動作的完成主要是靠視覺或觸覺的協助？

(十三)嬰幼兒是否表現出視覺的自我刺激行為，諸如光凝視，戳刺眼睛，手指在眼前快速的輕打？

(十四)嬰幼兒是否表現出規避視覺的行為，諸如：避開光源、物品、或人物而蓄意看別處？

（以下為觸覺、聽覺方面能力）

(十五)嬰幼兒對多樣的質感如何反應？是快樂地接受還是避開？

(十六)他喜歡或不喜歡某些特定的質感？是針對那些物體的整體或祇是特定的部份？對陌生的或異常的質感，他們又如何反應？

(十七)嬰幼兒對環境中熟悉的聲音如何反應？驚嚇？注意？轉向聲音？或避開聲音？

(十八)嬰幼兒如何識別和探究對象和人物？是經由聽覺暗示？觸覺暗示？視覺暗示或是多重知覺暗示？

㈢嬰幼兒對各種活動的容忍度如何？他是否較偏好某些特定的動作或位置？他是否較不喜歡或避免某些特定的動作或位置？

㈣多少知覺的輸入對嬰幼兒來說，覺得較舒適？它們是那些類型呢？視覺？聽覺？觸覺？前庭平衡覺？嗅覺？味覺？

㈤嬰幼兒反應一個知覺刺激需要多久的時間？這樣的時間合乎常情嗎？是否太久了呢？或是無法預測其所需時間？

㈥嬰幼兒如何展現其對過度知覺訊息的感受？他變得比較安靜？大聲吵鬧？或走開？

四、認知發展

㈠尋找嬰幼兒的探究策略（參照學習模式部份）。

㈡嬰幼兒是否主動探究環境？如何探究？嬰幼兒是否用手探究？嬰幼兒是否用腳探究？

㈢注意嬰幼兒與熟悉對象與新對象的遊戲情形。是否重複？是有限探究或廣泛探究？能辨認熟悉對象否？如何辨認？

㈣嬰幼兒如何解決簡單問題？如從遠處取得玩具。取得某人的注意。

㈤嬰幼兒是否能概化？達到什麼水準的概化？在概化過程中，他需要何種協助、教學或支持？

五、社會情感發展

㈠嬰幼兒對熟人和陌生人如何反應？有無差別？

㈡嬰幼兒對熟人如何識別和回應？是透過視覺、聽覺、觸覺、或特質的暗示？

㈢嬰幼兒對其他的兒童、姊妹、兄弟、家庭寵物如何反應？

㈣嬰幼兒對於熟悉的與陌生的環境是否有不同的反應？他能否於異常的或意外的環境中識別家庭成員？

㈤嬰幼兒如何才能覺得舒服？依賴自己或依賴他人？

㈥嬰幼兒的情緒是受制於他環境中的某人？

六、自理能力

㈠依下列領域敘述嬰幼兒的能力：

　　吃，脫衣，打扮，洗，洗澡，如廁，梳頭髮，刷牙，收拾個人物品，其他的領域。

㈡當敘述時，應考慮以下的問題：

　1. 嬰幼兒能力表現的水準。

　　嬰幼兒能力表現的可能水準有主動，獨立，需要幫助的半獨立情況，要人逐步協助其參與，需物質的或口語的暗示、鼓勵才反應。

　2. 活動的內涵。

　　是否在相關、自然、與適當的時間做此活動？

　3. 溝通的數量與適當性。

　　嬰幼兒是否了解這份工作可達到他們現有能力的最高境界？嬰幼兒是否獲得一個適當機會去處理與反應？

　4. 每個活動所給予的時間數。

　　它是否足夠到允許嬰幼兒獨立活動的可能？

七、溝通能力

㈠嬰幼兒對溝通的需要與期望如何？如說話，手語，手指語，

誇大的方法，手勢，發聲，指點，拉住一個成人或期望的對象，移向期望的對象，圖畫說明，具體的對象，辨別式的哭喊，發脾氣，自我虐待行為等情況。

㈡嬰幼兒是否會使用各種不同的溝通方法？

㈢嬰幼兒是否會在不同環境使用不同方法？

㈣嬰幼兒溝通方法的選擇是否基於接近，有效，熟悉，期望等原則？

㈤嬰幼兒是否會表現出期待熟悉的例行工作和活動？譬如當他坐在一張高椅子並穿上圍兜時，是否打開他的嘴等待吃或喝？她是否會因聽到準備洗澡水的聲音而興奮？

㈥那種暗示的類型最能給嬰幼兒預期的資訊？聲音？口語？視覺？觸覺？或內容？

㈦當成人開始與嬰幼兒互動時，嬰幼兒的反應如何？

㈧當成人試著以眼光接觸、臉或身體方位的表示、保持安靜等方式與嬰幼兒溝通時，嬰幼兒是否會注意到？

㈨嬰幼兒是否會與成人從事互動（透過口語或動作，互換訊息）？

㈩嬰幼兒是否會從事模倣的活動？是眼神，聲音或是動作的模仿？是熟悉動作或是陌生動作？向兒童或向成人模倣？

(十一)嬰幼兒是否專跟某些特定的人物，在某些特定的時間裡，於某些特定的環境中互相溝通？

(十二)嬰幼兒是否嘗試維持互動的活動？

(十三)當提供選擇方案時，嬰幼兒是否表現出選擇的能力？

上述診斷領域及重點的說明，可供診斷時選擇工具時的決擇參考標準。在診斷之前應先決定的重點為：

一、嬰幼兒那些領域應探討？

根據篩檢的結果，應該能明確地掌握此一方向。只有在肯定嬰幼兒該被探討的問題領域後，才能據以決定選用何種工具，也才能找出嬰幼兒的真正問題所在，從而對症下藥。

二、那些人員應參加？

決定嬰幼兒所該探討的領域後，就應該考慮那些專業人員與相關的工作人員需參與診斷的工作，方能確實蒐集到必要的資訊。國內現今的情況，較困難的問題在於專業人員的地位尚未確定，在教育單位內尚無專業人員的正式編制，以致在診斷過程中不容易邀請到專業人員參與。依現在的條件，僅能由特殊教育教師負責整個測驗工作，若能有師範學院的教授參與指導，就已算是很難得的水準了。

三、那些資訊應該取得？

每名嬰幼兒常因其不同的障礙現象，因而所需要據為決定教育計畫的資訊，自會有所差別。如果蒐集的資訊不齊全或不合宜，則所做的判斷自不易正確。若蒐集的資訊太多，則對工作人員的人力又是一種浪費，對嬰幼兒也會造成虐待或產生不良影響。前面所提供的資料，正可做為選擇時的參考。

決定診斷的方向後，便可以考慮診斷的方法與工具。要想真正找出嬰幼兒的特殊需要，就應取得真實有用的資訊，則診斷的方法與工具就該多樣化。在診斷的方法上應有測驗、觀察、晤談等方式。

一、測驗

可有標準化與未標準化的測驗工具。國內關於嬰幼兒的測驗工具實在太少，用得最多、最普遍的為嬰幼兒發展測驗。多數嬰幼兒特殊教育工作者在使用時，也常因嬰幼兒的能力限制，祇好摘取其中的部分做為施測的材料，而無法採用整套的測驗內容。

二、觀察

有些嬰幼兒確實無法被系統地施測，因此借助觀察來瞭解其反應，進而判斷嬰幼兒的能力。在進行觀察時，為避免疏漏，忽略了重要的訊息，常會運用各種必要的檢核表或是先編好檢核表，以防遺漏。

三、晤談

晤談的對象包含嬰幼兒本人、家長、及教過該嬰幼兒的教師。為了不使晤談變成漫談，通常都應有事先的規劃，必要時也可以採用檢核表。

診斷工具實為推展嬰幼兒特殊教育時的一大困擾。因到今日為止，國內可用的嬰幼兒標準化測驗工具真是少之又少。若想要未來推動嬰幼兒特殊教育工作時，能較方便且順利，目前應儘快發展嬰幼兒診斷工具。

診斷結果的解釋必要相當慎重，以免對嬰幼兒造成傷害。根據診斷的結果應提出合宜的建議，包含是否應有特殊教育與相關服務的安排？若需要時，則應有何種特殊教育與相關服務？並列入整個個別化教育計畫中。

肆、評量

　　此一步驟可分成兩方面：一為針對整個診斷過程的評量；一為在擬定個別化家庭服務計畫後，針對執行情況與嬰幼兒表現狀況的評量。

　　雖說任何一個專業診斷工作者，對於診斷過程都會很慎重的處理。但為了避免誤斷，對嬰幼兒造成不利的影響或傷害，還是需要對整個診斷過程做一評量，以保護嬰幼兒。

　　當嬰幼兒被推薦出來接受篩檢，診斷後，確定為有特殊需要的嬰幼兒，而需要特殊教育與相關服務時，便應為之擬訂個別化教育方案，並且確實執行之。但是執行的效果如何？若嬰幼兒的情況確有改善進步，當然是繼續執行擬定好的個別化教育方案。如進步的情況超出預先的估計，或發現嬰幼兒的情況毫無改善進步，就應對個別化教育方案加以修正。怎樣去發現嬰幼兒的情況是否有改善進步，則評量的工作便不可少。

　　評量作用既明，評量的重點也就清楚：建立接受特殊教育與相關服務的評量標準及回歸普通安置時的評量標準，對嬰幼兒發展狀況的評量，對嬰幼兒學習過程的評量，對個別化教育方案的評量等四方面，理想且實際的評量應同時注意到此四個重點。

一、建立接受特殊教育與相關服務的評量標準及回歸普通安置時的評量標準

　　設有特殊教育與相關服務的單位，往往因主持人及工作人員觀念的差異，而有不同的接受與回歸標準。雖說此非理想的情況

，但卻是不易改變的事實。由於各設置單位的條件，與所在社區環境的差別，僅能透過主管單位的監督與輔導單位的協助，促使標準能客觀合理。

二、嬰幼兒發展狀況的評量

要瞭解嬰幼兒的情況是否改善，首要之舉即對嬰幼兒發展狀況加以評量。惟有如此才能判斷嬰幼兒是否進步了？嬰幼兒還有那些發展領域應可有更好的發展情形？依該嬰幼兒目前的發展情況，對安置型態是否應有所改變等項目的考量。

三、嬰幼兒學習過程的評量

嬰幼兒發展狀況是否理想，受到嬰幼兒學習過程因素影響極大。在嬰幼兒學習過程中，教學的教材、教法、環境是否符合嬰幼兒的需求？或影響嬰幼兒學習的效果等項皆為評量的重點。

四、個別化教育方案的評量

這是整個方案的規劃、內容、執行等過程的評量。針對規劃所依據的資訊是否明確可靠？擬定的內容是否符合嬰幼兒本身真正的需求？執行的過程有無偏差？此一評量能幫助決策者或工作者（目前為教師），瞭解方案中那些部份應該更改。評量這些重點，目前國內尚無足夠可用的工具，需要工作者依上述重點，自行選擇或設計內容。

在本節結束之前，特將整個診斷過程表列於下。

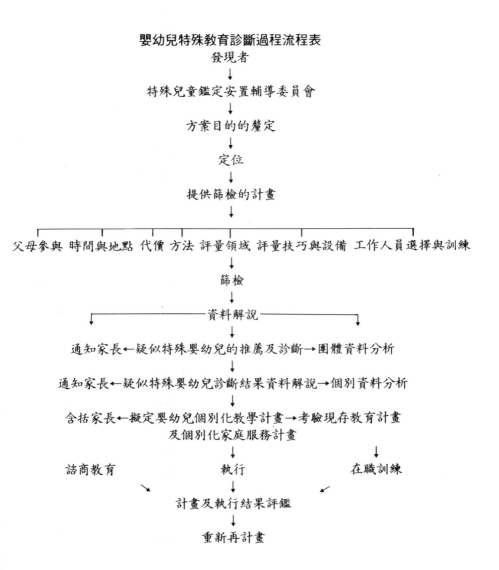

嬰幼兒特殊教育診斷過程流程表

發現者
↓
特殊兒童鑑定安置輔導委員會
↓
方案目的的釐定
↓
定位
↓
提供篩檢的計畫
↓

父母參與 時間與地點 代價 方法 評量領域 評量技巧與設備 工作人員選擇與訓練
↓
篩檢
↓
資料解說

通知家長←疑似特殊嬰幼兒的推薦及診斷→團體資料分析
↓
通知家長←疑似特殊嬰幼兒診斷結果資料解說→個別資料分析
↓
含括家長←擬定嬰幼兒個別化教學計畫→考驗現存教育計畫
及個別化家庭服務計畫
↓

諮商教育　　　　執行　　　　在職訓練
↓
計畫及執行結果評鑑
↓
重新再計畫

第三節　嬰幼兒特殊教育診斷模式

　　嬰幼兒特殊教育診斷，經過理論探討與過程說明後，特再對診斷模式做一說明。診斷有多種不同的模式：互動模式（Interaction approach）、發展模式（Developmental approach）、訊息過程模式（Informationprocessing approach）、行為模式（Behavioral approach）、神經心理學模式（Neuropsychological approach）、多規律模式（Multi-disciplinary approach）、規律內模式（Interdisciplinary approach）、貫通規律模式（Transdisciplinary approach）。每一種模式皆希望能瞭解有特殊需要嬰幼兒的能力，和發現他們的問題所在，但也都各有其不同的功能。

壹、互動模式

　　此模式考慮嬰幼兒所生存與學習的多方面生態環境。強調嬰幼兒與環境兩個變項，及其相互間的影響。取得影響嬰幼兒學習的人與環境的資訊是本模式的重點，因為操作這兩種變項，才能對嬰幼兒的學習產生效果。而欲操作此兩種變項，當然應先取得相關的資訊。

貳、發展模式

　　此模式重視嬰幼兒各領域裡的常態發展。嬰幼兒特殊需要問題的分析，係依據著嬰幼兒成長與發展的知識，特別是學者所建立的常模資料。過去國內學者對本國嬰幼兒及兒童發展常模的建立，似乎都不太注意，一直沒建立國內嬰幼兒及兒童發展的常模。幸好這種現象已經改變，已有學者努力從事中，相信不久將會有國人自己的常模，以後再評量孩子，就可以用國人的常模，而不必再有用外國標準評量國內孩子發展的現象。此模式需使用常模參照或效標參照的測驗，據以決定嬰幼兒的教學目標。

參、訊息過程模式

　　此模式強調在嬰幼兒接受、說明、與轉換訊息方面的能力。測驗與教學工作分析能協助找出嬰幼兒功能上的有效模式或管道，和在學習時的長處與弱點。此診斷模式曾被運用當為動力模式（Fruerstein, 1979; Lidz, 1983）。其重點在於發現嬰幼兒解決問題的能力，及其錯誤反應型態，以做為教學的基礎。所以本模式不是強調嬰幼兒知道什麼或會做什麼，而是重視嬰幼兒認知過程與管道，問題處理與解決能力的瞭解。

肆、行為模式

　　此診斷模式強調以直接與客觀的態度直接觀察嬰幼兒的行為

。它要求小心觀察嬰幼兒正在做什麼，在什麼情況下開始反應，如何改變學習環境方能改變嬰幼兒的行為。因此，本診斷較常用效標參照測驗與次數評量的方法。

伍、神經心理學模式

此診斷模式將重點集中在腦功能與學習的關係上。它以神經學的觀點去分析嬰幼兒如何運作資訊與學習。

陸、多規律模式

此診斷模式有各個不同領域專業人員的參與，他們從各個不同專業領域去瞭解嬰幼兒的能力與缺陷所在，並各自提出介入教育計畫且執行之。

其特色為：

一、每位專業人員獨立工作，各自依其專業的領域，對嬰幼兒做其認為必要的診斷，並提出結果報告與建議。

二、在小組中，每位專業人員並不一定將個人所蒐集的資訊與其它成員分享。是否分享，由其個人決定，在過程中並無硬性規定。

三、每位專業人員各自計畫與提供他的介入計畫，提出前後，他不必要跟其他小組人員商量。

四、家庭成員需單獨去會見每位專業人員，通常是在不同的時間與地點。

柒、規律內模式

此診斷模式也有各個不同領域專業人員的參與，他們也從各個不同專業領域去瞭解嬰幼兒的能力與缺陷所在，但他們共同工作，依個人的專業角色立場，共同提出該嬰幼兒的介入教育計畫。其特色為：

一、所有小組的專業人員一起工作，祇是每人仍然依自己的專業角色行事。意謂專業人員一起工作，彼此間也有討論，但仍以個人的專業角色立場做事。

二、祇有在正式的會議場上，共同分享相關的資訊。平常雖一起工作，卻各自行事，偶有討論，也僅針對某一問題，而非全面交換意見。

三、雖說由團體做相關的決定，但有關意見的提供，仍然植基於原來的專業角色。也就是每位專業人員，還是從其專業角度做個人應做的事，彼此互不干涉。

四、家庭跟隨許多不同的專業人員一同工作。通常是在同一場地，不過，在時間上卻常各自分開，偶而也有幾位專業人員同時與家庭一起工作，但每位專業人員仍然各自做他專業領域份內的事。

捌、貫通規律模式

此診斷模式同樣有各個不同領域專業人員的參與，他們也從各個不同專業領域的立場，互相討論溝通，然後分工去蒐集必要

的嬰幼兒資訊。再依據所有的資訊，共同討論決定有關的介入教育計畫。其特色為：

一、專業人員與家庭一起工作。在診斷前與診斷中，家庭一直是小組中不可或缺的重要成員，專業人員的工作皆與家庭一起完成。

二、所有資訊必需共享。也即是小組成員對所有資訊應都很清楚。

三、專業人員應互相作跨角色的訓練。專業人員不應祇瞭解自己角色的領域，應對所有角色領域皆有所瞭解，才能從通觀（鉅觀）的角度去對待嬰幼兒的診斷。

四、任何決定皆是共同參與做成。

五、所有建議的提出，皆是經過全體小組成員統整後做成。而非各提各的，彼此互不協調。

六、基本上家庭祇要跟個案負責人員一起工作即可。嬰幼兒的家庭若需要瞭解或解決某個問題，不必自己一個一個去與專業人員接觸，祇要透過個案負責人員安排即可。在診斷後，也由個案負責人員統一告訴家庭該如何配合各專業人員的要求，而非家庭一一去請教每位參與工作的專業人員。

七、在貫通規律模式下，對小組成員有些基本要求如下
　　㈠定期參與小組會議。
　　㈡主動參與工作。
　　㈢參加介入教育計畫的討論。
　　㈣指導方案策略的提供。
　　㈤跨領域的認知與訓練。

　　每位成員必得遵守上面要求，此貫通規律模式功能方能順利完成。

　　上述八種診斷模式中，互動模式、發展模式、訊息過程模式、行為模式、神經心理學等五種模式係以提供診斷的理論依據為主，多規律模式、規律內模式、貫通規律模式等三種模式則係以提供診斷的做法為主。在選擇診斷模式時，理論依據並非何者為優、何者為劣的問題，而是何者為宜、何者不宜的問題。有時還得將幾種模式的理論結合運用，才能符合診斷的正確目的。因此，一個勝任的診斷工作人員，應有選擇合宜理論依據的判斷能力。至於做法，從上面的介紹，可以看出貫通規律模式應是較佳的方式。但是國內的環境並未具備相關的條件，所以在方法的選擇上，應慎重考慮配合的條件。

　　介紹各種不同的模式以後，再將美國九九-四五七公法對診斷的要求原則介紹於下，提供做為決擇診斷模式的參考。

一、小組工作

　　整個診斷必需由各種不同專業人員組成小組共同完成，而非由某一個人獨力擔當。

二、多領域資訊

　　嬰幼兒能力的診斷，若僅依一種資訊來源，絕不可能得到正確的判斷，所以在診斷之前，應廣泛蒐集各種不同領域裡必要的資訊，以供正確診斷之用。

三、注重功能診斷而非障礙類別的判定

障礙類別的區辨，並非對教學完全沒幫助。但若較之功能水準的斷定，那障礙類別對教學的意義就微不足道。

四、聯結介入教育（個別化家庭服務計畫）

診斷不應為診斷而診斷，診斷的目的在於找對家庭與嬰幼兒最有效的幫助方向與計畫。故診斷的結果應是介入教育的依據，診斷完成應是介入教育的開始。

五、嬰幼兒整體觀的強調

嬰幼兒本身是一整體，而非是各種不同領域或能力的集合。在診斷方面不能再僅從各種不同領域或能力，去對嬰幼兒做各種不同能力的微觀判斷，而應將各種不同能力做統合的鉅觀瞭解。

六、家長積極的參與

拋開家長，沒有家長參與的診斷，不僅影響家長的權利，也喪失了最重要的資訊與計畫的支持者。所以家長的參與絕不可少。

七、家庭生態觀點

家庭環境對嬰幼兒的影響已是不言可知的，在診斷過程不能不加注意。而家庭本就是嬰幼兒最自然的生活環境，在該環境中，嬰幼兒最能充分表現其能力，診斷時應充分利用其效果。

八、有效度的工具與過程

　　診斷工具必要能清楚的確定嬰幼兒能力與問題的所在，使介入教育能明確計畫，診斷過程亦相同。不能達成此目的的診斷工具與過程，可說是多餘，沒有必要的工作。

　　這些要求本就是些基本原則，若能掌握，就不會再做些沒意義的診斷了。

　　除上述政府法令要求外，再介紹一份民間團體的原則，亦可供做參考。美國特殊教育學會嬰幼兒特殊教育組認為實用性的診斷，應具有下列所提到的基本原則。他們認為：

　　「診斷於早期介入教育中，提供了關於兒童、家庭、和環境資訊的系統蒐集，以助有關界定、篩檢、合宜方案計畫、監察、與評量等決策的制定。」

壹、診斷前的活動

一、專家應和家族接觸，並分享關於診斷流程的資訊。

二、專家蒐集並檢討存在於家庭與機構的資訊。

三、專家和家庭應共同確定問題與所關切的事，以做診斷材料與程序的選擇。

四、專家和家族應共同確定適切的機構、小組成員、與小組決定採用的診斷方式（如互動、多重、貫通原則方式）。

五、專家和家庭應共同確定一個適合兒童個別需要與家庭希望的小組模式以進行合作。

貳、決定合宜方案安置、方案計畫、與監察的程序

一、專家應從多方面來源蒐集資訊（如家庭、其他專業人員、以前服務提供者）和利用各種評量方法（如觀察、晤談等）、不同的評量標準（如常模參照及效標參照）。

二、專家應利用多重情境蒐集有關嬰幼兒的資訊。

三、小組成員應討論各種質與量的資訊，並協商一個合作的決策流程。

四、小組成員應選擇與此目的相類似，且已做過實際測試的診斷工具與程序。

五、診斷方式和工具應合乎嬰幼兒生活的文化背景且無偏見的。

六、專家應採用個性化、發展相容於兒童興趣、互動、及溝通型態的診斷程序與材料。

七、診斷材料與程序，或他們的適應性，應合乎兒童知覺與反應的能力。

八、專家評量嬰幼兒的能力所在應如同缺陷一樣，要針對發展或功能的領域。

九、評量和程序應有助於教育與治療（如介入教育或課程目標），而非僅是診斷與分類。

十、診斷應對於兒童和家庭的變化保持敏感度。

十一、專家不祇評定技巧的獲取，同時應對流暢、概念化、與進步的品質加以注意。

十二、專家在說明有關嬰幼兒的資訊時，應慎重與維護必要的機密。

十三、課程基礎的診斷程序應為小組的理論基礎或共通語言。

參、診斷報告

一、專家應以對計畫方案目標與行為目標馬上有用的態度來報告
　　診斷結果。

二、專家診斷結果報告，對家庭而言，必須是可瞭解的與有用的
　　。

三、專家報告嬰幼兒能力所在，目的在於為增進最佳發展的優先
　　選擇。

四、專家應報告診斷的限制（如一致性的問題、文化的偏見、
　　知覺反應的要求）。

五、報告應包含關於發展領域相互關係的發現與說明（如嬰幼
　　兒的限制如何影響發展、兒童如何學會運用補償）。

六、專家應以發展功能的領域或關切的心態來組織報告，而非以
　　診斷工具來組織報告。

第四節　結論

　　診斷關係到下一步驟，能否有效幫助嬰幼兒順利發展。所以
本章用了較多篇幅來討論，從理論、過程到模式，希望能讓嬰幼
兒特殊教育工作者有一明晰的概念，方不致於辛苦大半天，卻是
做了無意義的工作。

　　祇是這些概念雖已明確介紹，但當嬰幼兒特殊教育工作者要

依概念選擇工具與過程時，他們將會發現無合宜的診斷工具。在教育行政單位正要推動嬰幼兒特殊教育之前，應先有計畫的發展嬰幼兒的診斷工具。而本章所討論，正也可供發展嬰幼兒診斷工具時，當為參考原則。

討論問題

一、請蒐集整理國內現有可用的嬰幼兒測驗工具,並分析
　　其特點。

二、依國內現有嬰幼兒測驗工具,請試擬一合宜的診斷流
　　程。

參考書目

Apgar, V. (1953). "Proposal for a New Method of Evaluating the Newborn Infant." Anesthesia and Analgesia, 32, 260–67.

Bagnato, S. J., & Neisworth, J. T. (1990). System to Plan Early Childhood (SPECS). Circle Pines, MN: American Guidance Service, Inc.

Bagnato, S. J., & Neisworth, J. T. (1991). Assessment for early intervention: Best practices for professionals (Chapter 2). New York, NY: Guilford.

Bagnato, S. J., Neisworth, J. T., & Munson, S. M. (1989). Linking developmental assessment and early intervention: Curriculumbased prescriptions(2nd ed.). Rockville, MD: Aspen.

Bailey, D. B., & Simmeonsson, R. J. (1988). Family assessment in early intervention. Columbus, OH: Merrill.

Bailey, D., & Wolery, M. (1989). Assessing infants and preschoolers with handicaps. Columbus, OH: Merrill.

Feuerstein, R. (1979). The dynamic assessment of retarded performers. Baltimore: University Park Press.

Gibbs, E. D., & Teti, D. M. (1990). Interdisciplinary assessment of infants. A guide for early intervention professionals. Baltimore, MD: Paul Brookes.

Hayes, S. C., Nelson, R. O., & Jarrett, R. B. (1987). The treatment utility of assessment: A functional approach to evaluating assessment quality. American Psychologist, 42, 963–974.

Lerner, J., Mardell–Czudnowski, C., & Goldenberg, D. (1987). Special education for the early childhood years. Englewood Cliffs, New Jersey: Prentice–Hall, Inc.

Lidz, D. (1983). Dynamic assessment and the preschool child. Journal of Psychoeducational Assessment, 1, 1, 59–72.

Mamer, L., & Gleason, D. J. (1993). Dynamic approach to assessment and program development for learners (0 to 18 years) with visual and multiple disabilities. Present in the inservice training for the special educational teachers by Colorado Department of Education. Denver, Colorado. April 16, 1993.

Neisworth, J. T., & Bagnato, S. J. (1988). Assessment in early childhood special education: A typology of dependent measures. In Odom, S. L. & Karnes, M. L. (Eds.), Early intervention for infants and children with handicaps (pp. 23–49). Baltimore: Paul H. Brookes.

Neisworth, J. T., & Bagnato, S. J. (1992). The case against intelligence testing in early intervention. Topics in Early

Childhood Special Education, 12(l), 1–20.

Neisworth, J., & Fewell, R. (Eds.). (1990). *Judgment-based assessment. Topics in Early Childhood Special Education, 10(3).*

第7章 嬰幼兒特殊教育的安置與課程

在嬰幼兒特殊教育的各種安置型態上本章將介紹美國目前正運作中的各種型態，同時也將加入國內現行的情況，使有心採用者不致於無法運用。課程模式限於篇幅，雖無法詳細介紹細節，但也儘可能地將模式重點說明清楚，使閱讀者能瞭解各種模式的精神。

第一節　嬰幼兒特殊教育的安置型態

　　特殊嬰幼兒的安置型態不同於學齡兒童階段，學齡兒童的安置型態大多以學校教育安置為主，以教養機構或其他型態為輔。特殊嬰幼兒的安置型態則以家庭、中心、醫院、家庭與中心結合、及幼兒園等五種方式為主（Lerner, Mardell-Czudnowski, & Goldenberg, 1987; Vagianos, &Stricklin, 1993）。僅將主要方式說明於下：

壹、家庭方式（Home-based Services）

　　此一方式，係指將有特殊需要嬰幼兒留在家庭裡，由專業人員到嬰幼兒的家庭進行輔導，通常一星期大概安排一到三次，次數的多寡依嬰幼兒的需要而定。專業人員到嬰幼兒家庭的主要責任在於訓練家長如何去訓練小孩，訓練的重點則以嬰幼兒日常生活的活動技能訓練為主，如吃飯、洗澡、遊戲、睡覺時間等的訓練；評量嬰幼兒現在的技能，那些技能是嬰幼兒已經會的，那些技能是嬰幼兒應該學會的。所以專業人員應協助家長計畫訓練活動。協助家長學會如何幫助嬰幼兒學習技能與教家長如何觀察嬰幼兒的發展。專業人員還應訓練嬰幼兒的兄姐、祖父母、甚至鄰居，協助父母完成他們教育有特殊需要嬰幼兒的工作。

　　此一方式對出生到三歲左右的嬰幼兒最合適。其有利的因素為：

一、讓嬰幼兒在自然環境的安置下受教。

二、家長充分參與嬰幼兒的學習。

貳、中心方式（Center-Based Services）

此一方式雖也將特殊嬰幼兒留在家庭中，但嬰幼兒需由家長定期將他送到中心或由中心安排接送到中心接受合宜的教育或訓練。通常嬰幼兒每週被安排到中心二至五天，每天接受三到五小時的教育訓練。教育訓練的重點除嬰幼兒本身的教養與生活訓練外，同樣兼及家長訓練。課程設計依嬰幼兒特殊需要與發展階段而定。

中心的工作人員應包括幼教老師、語言治療師、醫師或護理人員、心理學家、體能訓練師、生理治療師、職能治療師、社會工作員等。由於工作人員組織龐大，各個領域的專業人員皆應有，所以所需的支出費用相當龐大。中心的費用若僅靠本身的服務收入，要取得收支平衡並不容易；若是提高服務的收費，則又會因多數家庭負擔不了而失去服務的意義。故中心模式實非一般私立機構所能負荷，仍以設立於公立學校或機構裡較佳。

中心有家庭所沒有的設備、裝置、教學材料、與玩具。同時嬰幼兒也有社會性發展的機會。對三到六歲的幼兒較理想。中心尚可組織家長會，建立家長互動的管道。家長可以藉助家長會的活動互相交換嬰幼兒教養的資訊與個人心得，對家長的心理健康也會有所幫助。不過嬰幼兒到中心的交通較成問題。嬰幼兒家庭不一定都在中心附近，家長不一定都有自用車（指臺灣的現況），即使有自用車也不見得都有空能每次準時接送嬰幼兒。若是中心準備交通車，則每次接送的過程中，嬰幼兒將要耗費多少的時間隨交通車遊行市區？此確為中心方式最大的困難。所以中心方

式的安置應盡可能在嬰幼兒住家的附近，以減少交通上的問題。

中心還可利用現成的人力資源，兼做諮商服務性質（Consultation Services）的工作。其方式可如下：

一、一星期家長帶嬰幼兒到中心看專家一次，由專家審慎瞭解該嬰幼兒的發展狀況，以計畫或修正其個別化教育方案。

二、專家訓練家長如何在家與嬰幼兒一起工作，協助嬰幼兒順利發展。

三、對家長的家庭問題提供諮詢服務，協助家長克服因該嬰幼兒問題所延伸出來的家庭婚姻、經濟、其他子女教養及相關家庭問題或壓力。

諮商服務方式最適用於嬰兒階段。因嬰兒極需採取一對一的訓練方式，但若採用家庭方式，則在專業人員的供應上相當不容易。若由家長帶嬰幼兒到中心來，家長在時間與經濟上也有困難。如運用諮商服務方式，則對專業人員與家庭的負荷都可減輕。更可協助家庭解決相關問題。

參、醫院方式（Hospital Bound Services）

有些嬰幼兒在生理醫學上的問題往往比較嚴重，他們需要較多的醫學照顧，因此前述兩種方式對他們都不合適，因為沒有足夠的醫護設備，所以需有此一方式。此一方式，嬰幼兒的生理情況如果不需要住院，可以留在家庭中；如果需要住院醫療，則就被安置在醫院裡。處理方式完全依嬰幼兒本身生理狀況而決定。若是不需住院者就安排到診療中心（Clinic-Based Services）接受診療與教學的服務。在這種診療中心型態的安置方式下，美國

特殊兒童學會（ Council for Exceptional Children ）中幼兒教育
組（ Division for Early Childhood ）有些原則性的安置準則可供
參考。

一、當嬰幼兒已經別無選擇時，才採用此方式。

二、當嬰幼兒接受此方式時，應對家庭提供專業鼓勵與支持。

三、當嬰幼兒已達到再安置的層次時，此一方式即應停止。

四、診療應包含對家庭成員提供合宜的照顧。

五、此一方式旨在幫助嬰幼兒準備進入下一個較少限制的環境。

六、此一方式提供給所有需要此服務的特殊嬰幼兒，不考慮家庭
　　收入因素。

七、所有的設備應跟上時代的更新。

　　以上係針對診療中心方式而言，以下則係針對醫院方式而提
出的安置參考原則：

一、新生兒集中照顧單位（ Neonatal intensive care units ）應提
　　供合於神經狀態及兒童發展水準的環境。

二、醫院方式服務應為家庭參與提供機會。

三、醫院方式服務應為家庭提供對醫療策略決定者的評鑑。

四、由方式的工作人員應對家庭說明醫院方式中策略決定者的角
　　色。

五、在醫院方式服務的醫護人員應瞭解早期教育的實際要求。

六、醫院方式服務包含對個別嬰幼兒與家庭的表現，做合宜的歸
　　論。

肆、家庭與中心結合方式（Combination Home and Center-Based Services）

　　有特殊需要嬰幼兒的安置不能僵化，即使前面已經提供三種方式，但那仍無法滿足所有有特殊需要嬰幼兒的需要，因此需要有些較具變通性的方式，而家庭與中心結合方式，便是滿足「較具變通性」需求的一種安置方式。此一方式並非僅限於家庭與中心的結合，有時可以是家庭、中心、與醫院三者的結合，或其中任何兩者的結合。其決定因素極多，如嬰幼兒及家庭的需要，嬰幼兒的年紀，障礙的情況等等。此一方式最大的特色在於它的變通性，很容易滿足每個嬰幼兒的特殊需求。

伍、幼兒園方式（Kindergarten Services）

　　幼兒園在美國已是正式學制中的一環，為其國內義務教育的部份。亦為三足歲幼兒特殊教育安置型態的一種。其方式亦可有多種不同的變化，茲依安置的理論與實務，將各種可能型態說明如下：

一、普通幼兒園

　　此一幼兒園中，並沒有為有特殊需要的幼兒設立任何特別的教學方案，幼兒在此園中，通常皆和一般幼兒一起學習。僅有相關服務及特殊教育人員提供特殊教育的諮詢、或其它個別化教育計畫中所指定的協助工作（Noonan, & McCornick, 1993）。故

又稱之為統合幼兒園（Integrated Kindergarten）。

二、不分類幼兒園（Non-Categorical Kindergarten）

此類幼兒園中為有特殊需要的幼兒設有特殊教育班。它所招收進來的幼兒並不限定在某種障礙類別，也就是有各種不同障礙的幼兒，皆可以進入本園。入園的有特殊需要幼兒，可能被依障礙性質分類編班，亦可能被依功能水準編班。其編班原則依各園主持人的理念而定。

三、分類幼兒園（Categorical Kindergarten）

此種型態的做法可分為兩種，一為全園只招收一種障礙類別的幼兒，非其要求的他種障礙類別幼兒不收。另一則為全園招有各種不同障礙類別的幼兒，所有的幼兒皆依障礙類別分類編班。不管那一種型態的幼兒園，其所設的特殊班級，可分有自足式、資源式兩種模式。

上述的五種安置型態，各有其不同的特質，已詳述於前。然而要決定有特殊需要嬰幼兒的安置型態時，應由個別化教育計畫委員會（國內應是特殊兒童鑑定、安置及輔導委員會）就相關因素加以全盤考慮而後決定之。相關因素分別說明於下：

一、幼兒的年紀

不同年紀需要不同的安置型態，以下為一般考慮原則。

　㈠出生到三歲階段的嬰幼兒（infants & toddlers）需要家庭方式或諮詢的服務。因為這階段的嬰幼兒對成人的依賴較重

，中心方式的安置，實無法安排有專業人員全神地照顧。同時，這階段的家庭常有些相關的家庭問題，需要專業人員的協助與輔導，所以需要諮詢服務。因此以家庭方式加上諮詢服務較合適。

㈡嬰兒需要密集的、一對一的、整日式的教育服務方式。只有家長才可能全天候地照應嬰兒，採用家庭方式除可滿足嬰兒的需要外，還可促進家長因照顧嬰兒，更加瞭解嬰兒，又加上有專家指導，就不致於排斥嬰兒。

㈢三到六歲的幼兒則應以中心方式或幼兒園的安置型態為宜。偏重在社會情境與團體活動，協助幼兒早日進入社會生活。

二、問題的型態

並非所有特殊教育教師皆能勝任地教學各種不同特殊需要的嬰幼兒，而不覺得有困難。所以不同障礙現象的嬰幼兒，其安置型態應有不同的考慮。以下為一般的考慮原則：

㈠障礙類別不同時，應要求不同專長的教師參與服務。

㈡對學習障礙、智能障礙、情緒障礙等同質性較高的有特殊需要嬰幼兒應可採跨類別教育安置服務。

㈢對異質性較高的不同障礙類別，若進行統合安置時，除考慮不同專長專業人員參與外，亦可要求工作人員接受相關領域的專業訓練。以便滿足嬰幼兒的個別需要。

三、問題的嚴重程度

不同的障礙程度亦有不同的考慮原則：

㈠中心方式較適合輕度、中度障礙的嬰幼兒。

㈡重度及極重度障礙嬰幼兒需要較專業及個別化的服務。

四、家長的意見或需求

　　嬰幼兒特殊教育的推展，家長居於一個重要的地位。因此家長的個別條件及其意見應受到必要的尊重，做為有特殊需要嬰幼兒安置時的重要參考資料。

五、社區型態

　　不同的社區有不同的要求。一般說來，郊區在交通條件較不方便，家長也較感孤立無助，要家長經常送孩子到中心接受訓練，可能困難較多，故宜採用家庭方式或諮詢方式。市區則因交通方便，家長取得資訊也容易，故以中心方式較合適。

六、分類或跨類安置

　　對嬰幼兒進行障礙類別的區分並非容易的事，特別是學習障礙、情緒障礙、智能障礙。勉強依障礙分類對教學也不見得有益，況且若不慎分類錯誤，將影響兒童一輩子。我國在民國七十五年前後，就曾於台北市發現一名聽覺障礙學生，被誤斷為智能障礙學生，而在國民小學的啟智班受教四年。基本上對嬰幼兒的分類，仍以功能分類較佳，也就是依嬰幼兒的發展情況與學習能力做為分組或分班教學的依據較理想。有些嬰幼兒安置的機構，本身因主持人理念的取向，可能堅持採用分類或跨類安置的型態。若是如此，則應考慮以前面一到四的因素當為安置考慮的決定條件。

七、彈性安置

　　有特殊需求嬰幼兒的發展並非一成不變，有時因得宜的教學或適當刺激環境的引發，促使其發展產生意外的效果。或因年齡的增長，使原來的教育安置變成不得當，這時都應有彈性的調整安置機會，而不應因原先的診斷僵化安置型態。

八、轉換過程的安排（transition）

　　無論是安置型態或教學環境有了變化，對任何個體都會產生不同的刺激影響，個體都需有所調適才可能適應順遂。有特殊需要的嬰幼兒，在這方面自然也較不易適應，需要教學者對此轉換過程做適當的安排才行。如幼兒經過特殊班個別化的教學，成就表現有了改變，教學者往往認定其可以回歸到普通班學習，於是透過一些行政手續，就將之送回普通班就讀。在這種情況下回到普通班的幼兒，常在一段短暫的時間後，就會重新出現跟以前未進入特殊班接受個別化教學時相同的問題。這僅是教學方式由個別化教學變成團體教學的一個例子。可見轉換過程對嬰幼兒的影響。故對有特殊需要嬰幼兒的教育安置變更，應更慎重其轉換過程。其過程應注意下列重點：

　　㈠找出原來安置與新安置間的不同及嬰幼兒可能受到的影響和遭遇到的困難。

　　㈡在原安置環境裡教些嬰幼兒到新安置環境中可能需要的例行行為與技巧。

　　㈢在新安置環境裡，考慮運用變化性的安排，以幫助嬰幼兒學得在原安置環境中未學到的必須行為和技巧。

㈣在新安置的前、中、後期裡，父母應與教師建立和保持連繫
。

　　對有特殊需要嬰幼兒的安置，雖然討論了不少的型態與考慮
因素，這並不代表如此就能克服所有安置的問題。真正要解決安
置問題，除了工作人員應有專業的智能外，還應有開放靈活的心
態，充份掌握每個家庭與嬰幼兒的特質，才能滿足他們的個別需
要。

第二節　嬰幼兒特殊教育課程的原則與應用

　　嬰幼兒特殊教育的課程，在理論上，它結合了幼兒教育與特
殊教育兩者的課程模式。因此在討論幼兒特殊教育課程之前，將
先分別討論幼兒教育與特殊教育兩者的課程模式。

壹、幼教課程模式的理論基礎

　　教育一直深受當代的哲學思潮所影響，社會每出現一種新的
哲學思潮，就會對教育帶來衝擊，引發新的教育理論。幼兒教育
亦是同樣的情況。有關幼兒教育的課程模式大體上可分為充實課
程模式、直接教學模式、補償教育模式、認知課程模式、監護觀
念模式、混合模式等六種。

一、充實課程模式

　　充實課程模式的哲學觀點在於幼兒的整體觀，認為教育的對象為幼兒，應著重在幼兒的整體發展：生理、情緒、語言、社會、和認知等等。充實課程模式所強調的，即依據發展心理學的原則，提供給幼兒許多各種不同目標的經驗機會。

　　發展心理學在討論兒童發展雖有派別上的差異，但在理論上卻可說是大同小異。其共同的觀點為：

　　㈠發展為分成幾個序列階段的「階段說」。

　　㈡兒童依層次一步步向較高一階段發展的「順序說」。

　　㈢前一階段的發展為後一階段發展的「基礎說」。

　　㈣前一階段所發展的結果統合在後一階段發展裡的「倒圓錐體
　　　說」。

　　㈤兒童通過每一階段的速率各不相同的「個別差異說」。

　　持此觀點的論者，常偏向於蓋攝爾（Gesell）的成熟論說法，認為在自然中成長，順應嬰幼兒內在時間表才是較佳的方式。充實課程模式即在於強調嬰幼兒本身有其自然的成長序列時間表，教師的角色在於利用此時間表儘量充實環境裡的條件，提供嬰幼兒合宜的學習機會，以強化自然成長過程的順利發展與學習效果，使每種智能皆能在其學習的關鍵期裡充份發展。其做法為提供一種自然且開放的環境，讓嬰幼兒順其內在學習的驅力與需求刺激，而產生學習的活動與行為，則其應有的技巧與能力自會產生與發展。所以它是重視自然成長，與提供學習的機會以增強自然成長為重點。

充實課程模式在方向上，它重視「現在」導向與「兒童」導向：偏重嬰幼兒立即的需要，眼前的需求，而非未來社會生活的需要；重視嬰幼兒的個別差異，每位嬰幼兒皆為單一個體，各有不同的發展狀況，不應做一致化的統一標準要求。在教學上，可有很多活動領域：如故事角、積木角、生活角、遊戲角等等；也可有許多戶外活動：如參觀郵局、博物館、百貨公司、或戶外遊戲等等。教師在時間安排上，是一般性的，但又存有彈性。活動以嬰幼兒為主導。充實式教室裡是容許嬰幼兒親自去操作實驗。

二、直接教學模式

直接教學模式是將些由教師所選定的特定技能直接教導給嬰幼兒。其主要的理論依據為行為學派心理學與生活準備說。教師的責任就在於安排嬰幼兒學習，或幫助嬰幼兒學習些教師（或教學決策者）認為學前應具備的技巧或學科的技巧。教材與教學活動設計皆被用來協助發展這些技巧。因此教師的首件工作即為決定那些技巧和行為是學前或學科學習活動中應備的，然後將這些技巧或行為儘可能以最簡單的方法教會嬰幼兒。

直接教學模式基本上是重視「目標」導向與「未來」導向。重視嬰幼兒適應社會能力的要求，對社會所需要的能力，要儘快教學；重視未來的需要，對教學者所認為未來生活中必要的能力，越早教會嬰幼兒越理想。此一觀點十足地借用了史賓塞（Spancer）生活預備說的理念。其教學內容以未來生活為主，選擇標準由教學者決定。

三、補償教育模式

　　補償教育模式的觀念認為中上階層家庭的嬰幼兒，其家庭生活常能提供些學習機會，即受到「潛在課程」（hidden curriculum）的影響。而低下階層家庭的嬰幼兒卻無此機會。此些低下階層家庭的嬰幼兒處在文化不利的環境下，對其往後的發展與學習會造成不良的後果。同時認為嬰幼兒的智力與能力是會改變的，它們可能惡化，也可能改善，端在環境條件與學習情況。倡提供教育機會以彌補其環境不利的影響，正是補償教育模式的宗旨。

　　補償教育模式理論依據係源自福利社會的觀念。對象則針對家庭環境不利的嬰幼兒，美國Head Start Program即因此理念而產生的模式代表作。所謂環境不利可分為兩方面來談。

(一)經濟文化不利、刺激不足

　　低下階層及落後家庭，因家庭收入微薄，造成家中文化刺激不足，或營養不良，結果影響了嬰幼兒的生理、心理的發展。

(二)教養不利

　　環境不利不能光談經濟因素，有些家庭的收入屬於高所得，但因家長的教養觀念、方法不正確，亦會對嬰幼兒造成發展不利的影響。

　　嬰幼兒若因環境不利因素影響及其發展與學習，使其個人成長後，潛能未能充分發揮，則係整個社會的損失，而非僅僅個人的損失而已。若能因補償教育的實施，使個人的潛能充分發揮，則整個社會亦將因而得利。故對環境不利條件下的嬰幼兒，應施

予補救教育，使其能得到合宜的適性教育，充分發揮潛能，以造福社會或減輕社會的負擔。

四、認知課程模式

認知課程模式完全以認知心理學為依據。皮亞傑（Piaget, 1971）認為兒童的思考方式不同於成人，兒童通過明顯的發展階段（感覺動作期、前運思期、具體運思期、形式運思期）去塑造自己特有的思考型態。這些思考或認知技能包含了記憶、口語學習與理解、區辨、問題解決、概念形成等。課程強調透過直接經驗與操作而學會上述各項能力。它並不注重學科本身技能的學習，而重視思考的技巧。

五、監護觀念模式

監護觀念模式的理念來自自然主義教育觀與工商社會需求二者的結合。持自然主義教育觀念者認為兒童自己會因成熟而發展出應有的能力，教育是沒有必要的。而現今的社會中，多數家庭的年輕夫婦為了減輕家庭負擔，或提高家庭的生活水準，常常是夫婦皆投入職業工作。於是他們的孩子就需要有人照顧，可是一般幼兒園的時間固定，往往無法滿足家長的不同需求；亦有家長為了節省經費，就將其嬰幼兒送請些收費較低廉、設備較簡陋的單位照顧。因此監護觀念模式為了滿足不同家長的需求，並無固定的教學型態。嬰幼兒來了之後，工作人員的責任僅在於安全看護，不重視教學活動或根本不需要有任何的教學活動。但在時間上則給家長絕對的方便。

六、混合模式

前述各種模式，各有其可取之處，也各有其限制。因而產生了混合模式，混合模式並不一定是五種模式完全混合，每位採用混合模式者，都依其各自不同的觀點與重點，選取不同的混合模式：可以是任何兩種的混合模式、任何三種的混合模式、任何四種的混合模式、或五種的完全混合模式。即使五種完全混合，也會因不同的採用者而有不同的偏向。若採用者能因嬰幼兒的需要而做功能取向的選擇，相信都是合宜，且對嬰幼兒有利的。

貳、特殊教育課程的理論基礎

特殊教育課程乃針對有特殊需要兒童而設計，所謂有特殊需要兒童即指無法在一般的教學環境下，接受為一般兒童所設計的教學材料與教學方法而進行的教學活動之兒童。所以特殊教育課程絕對不同於一般課程，它的特色在於更重視兒童的個別差異、對教學做工作分析。茲分別說明如下：

一、重視兒童的個別差異

不瞭解有特殊需要兒童的人常祇認為普通兒童與有特殊需要兒童間確存有相當的差異，但是有特殊需要兒童與有特殊需要兒童間則都是一樣，反正都是有特殊需要兒童，沒什麼差異。事實上，只要接觸過有特殊需要兒童的人都知道，這是大錯特錯的觀念。有特殊需要兒童不祇與普通兒童之間有很大的差異存在，就是有特殊需要兒童與有特殊需要兒童之間也有極大的差異，甚至

是更大的差異。

　　談及兒童的個別差異時，最容易瞭解的應是外在差異（in-terindividual differences），所謂外在差異即指兒童本身與他人的差異。此一差異不祇存在於有特殊需要兒童與普通兒童間，也存在於有特殊需要兒童與有特殊需要兒童間。針對差異的判斷，需用常模參照的標準測驗去評量後，再做比較後即可得知。

　　若與人論及有特殊需要的障礙兒童時，多數皆會說障礙兒童已經在學習管道上，屈居不利的地位，其各方面的表現必定都不佳。在實際情形中，這似乎也接近事實。然而事實上並非如此，海倫凱勒這位集聽覺與視覺障礙現象於一身者，仍然成為舉世聞名的作家；而在日本也出現過一位智能障礙的畫家；在民國七十三年前後，台北市國民小學中也曾出現一位視覺障礙學生，有資賦優異的傾向。這說明了一項事實，有特殊需要兒童並不一定每項能力皆低下，其個人內在各項能力之間也可能有很大的差異存在，此也就是所謂的內在差異（intraindividual differences）。內在差異即在比較一個兒童本身各種能力間的差異，其評量的領域涵蓋了粗動作、精細動作、記憶、聽知覺、視知覺、語言理解、語言表達、社會性能力、認知能力、學習能力等等。而評量的重點在於兒童本身發展差異的所在；以及兒童能做好的是甚麼，做不好的又是甚麼。

　　特殊教育重視兒童的個別差異，不僅是與普通兒童間的外在差異，更注重兒童本身的內在差異。使其各種不同的能力皆能得到充分的發展，這是特殊教育的重要精神所在。

二、對教學做工作分析

對教學做工作分析的目的在於蒐集有關的資料，以幫助教師做出有利於兒童課程選擇的決定，進而幫助兒童在最佳及最合宜的學習環境下，做最有效的學習。

對教學做工作分析的種類可有兒童分析和教材分析兩種。

㈠兒童分析的目的在於瞭解兒童如何了解和完成工作。對兒童如何認知（接受、儲存、和尋回—回憶資料），及那一種學習管道（視覺、聽覺、觸覺）對兒童具有最好的學習效果等的瞭解，和接受與表達能力的分析，以及兒童現在各項能力的功能分析，都能有助於教學者對兒童的瞭解，及確定兒童的起點行為。

㈡教材分析的目的之一在於掌握合宜教材的難易度，以利設計適當的課程。故將兒童所要學的教材分析成細步驟，並依難易度的邏輯順序編組成序列，課程設計即用此序列依循序漸進的原則加以安排而成。另一目的在確定學習某項教材的學前能力，以便決定兒童是否適宜學習該項教材。當教師考慮進行一項新的教材時，他需先對該教材進行分析，找出學習該教材前，應該具備那些智能或技巧，學習才能勝任愉快。找出這些智能或技巧後，再據以判斷兒童是否具備這些能力，然後決定這份教材對該兒童是否合適。

明白工作分析的種類和意義後，緊接著討論其過程。對教學做工作分析的過程有下列四步驟：

㈠找出兒童的優勢與弱勢能力，及目前的成就水準，方能決定

教學起點與方法。

㈡決定學習目標與該學技能，以為個別化教學計畫中之長期目標。

㈢組合這些技能成為序列的教學步驟，以便教師教學與兒童學習。

㈣將二種分析所得的資料組合，才能做課程規劃。

　　除了上述兩項特色外，還有四項原則也是特殊教育課程中相當重視的：變通性、相關服務、個別化教學方案、最少限制環境的安排等，分別說明如下。

㈠變通性

　　課程設計應准許教師有選擇教材、教法、教具去適應教學需要的自主性。有特殊需要兒童常因其需要的特殊性，無法適應班級教學的要求，如果在課程設計上還是和一般課程相同，過度重視其一致性，那就喪失了特殊教育的意義。有特殊需要兒童的教育安置更需要靈活，不可僵化，否則兒童的學習就不容易得到理想的效果。

㈡相關服務

　　課程設計需有相關專家，如語言治療師、職能治療師、體能治療師、學校心理工作者、學校社會工作者等的參與服務。有特殊需要兒童的個別需要常是多方面的，而非僅出自於教育領域，所以需要來自各個領域的專家參與課程設計，才能滿足兒童的特殊需要。除開課程設計需要各種領域的專家參與，在生活上，這些有特殊需要兒童往往也需要些醫療與社會福利的服務，如果忽略掉這些相關服務，兒童接受教育的效果就可能會打折扣，這是特殊教育工作中相當重視的問題。

(三)個別化教學方案

課程設計應有個別化教學方案，確實針對兒童個別的需求，滿足兒童個別差異。在個別化教學方案中應包含有兒童基本資料、障礙現象及目前能力分析、教學目標（分長短期）、教育安置方式與相關服務內容、需要接受特殊教育的期間、評量等重點，其內容越詳細，教學就越能落實。

(四)最少限制環境的安排

課程設計應本最少限制環境的理念，在可能的情況下，儘量安排有特殊需要兒童與普通兒童一起上課的機會，非必要，不要對有特殊需要兒童採用隔離的教學型態。最少限制環境的安排，並非專指安置環境，應該同時注意到環境氣氛。不管有特殊需要兒童如何安置，若其周遭不具有接納的氣氛，該環境仍然不是最少限制的環境。

參、幼兒特殊教育課程

傳統上，幼兒特殊教育課程皆以前面提到的幼兒教育課程模式為主，再加入特殊教育課程的基本精神。但晚近在幼兒特殊教育的發展，產生了新的模式，其中以功能與發展模式、自然課程模式二種較具特色。

一、功能與發展模式（Augrestyn, 1993）

功能與發展模式結合了功能模式與發展模式兩種，發展模式前已介紹，功能模式說明如下。

功能模式強調在學習內容與教學效果的功能意義。針對障礙

嬰幼兒學習內容的功能加以分析診斷，並以此做為選擇教材的準則。選定教材後，再對教材與障礙嬰幼兒能力做工作分析，依分析結果進而組合課程，並設計教學步驟，然後以建構性的教學，直接進行教學。此一模式的特色即在重視障礙嬰幼兒技能的功能水準，以其功能水準為教學的起點行為。而不像傳統方式刻意去強調其障礙，且據為教學設計的標準。這可避免因其障礙，而忽視了障礙嬰幼兒功能技能存在的事實。功能模式的另一意義則為要求學習的內容必得對獨立生活產生功能意義，和教學必要有功能，不應只有教而不一定有學的效果。

　　功能與發展模式將功能模式與發展模式（在幼兒教育課程模式已討論過）兩者結合後，在其設計教學時，將以其功能技能為起點，依發展的程序組合其課程的內容。同時重視嬰幼兒發展的整體觀，嬰幼兒的發展雖有其內在差異的存在，惟各個領域的發展仍有其一致性與相關性，從事教學者不應專注於各個領域的單獨訓練，忽略了互相間的相關。此模式亦重視教育安置中最少限制環境的理念。儘量讓障礙嬰幼兒有與普通嬰幼兒共同學習的機會，減少隔離的傷害。

　　功能與發展模式特別重視以活動為基礎的教學（Activity-Based Intervention），它是行為分析與選擇策略的結合。決定教學目標時，特別重視行為分析，而在教學過程則重視嬰幼兒的興趣與選擇權（Bricker, & Cripe, 1992）。

　　國內柯平順氏任職於台北市立師範學院附設實驗小學時，曾於民國八十學年度第二學期，在附設幼稚園特殊班推動統合教學模式。將當時四班幼兒特殊班的幼兒：幼兒智能障礙班一班、幼兒聽覺障礙班二班、幼兒視覺障礙班一班，全部依智能功能水準

編組上課。在課程除依發展領域外，保留有三節養護課程，以針對其因障礙所引發的特殊需要設計教學，且每週利用一個下午安排普通幼兒到幼兒特殊教育班來與這些障礙幼兒共同進行團體活動。其精神正與此模式相吻合，可惜後來因柯氏離職，其構想與做法未能維續。

二、自然課程模式

自然課程模式的主要目標在於增加嬰幼兒控制、參與自然社會與物理環境，及與其互動的能力（Noonan, & McCormick, 1993）。其重要內容（McDonnell, & Hardman, 1988）如下：

(一)強調環境的社會觀

課程的設計必須配合嬰幼兒、家庭、同儕、社區的需求。每一嬰幼兒的社會環境皆是單一、獨特的，課程設計應滿足其生活中社會環境的特質與需要。只有如此，嬰幼兒學會任何一項智能後，才能真正應用。

(二)教學應以自然安置下的日常活動為主

日常活動的教學應設法讓嬰幼兒在自然生活環境下學習新技能，使學會後即可直接運用於家庭或社區中，而不必再經由人為教學環境，轉換（transfer）到實際生活環境的一道學習程序。

(三)所要教學的技能為現在與未來皆需要的，強調技能的實用性，且兼及現在與未來。

這種模式強調的重點在於即學即用，盡量減少學習遷移的過程。對有特殊需要嬰幼兒，學習遷移實在相當困難，不容易完成。

課程發展本就可以有各種不同的模式，每種模式也都有其優

劣處，很難說那種好，那種不好。不過，在發展課程時應從功能、意義、年齡配合、轉換、及安置等五個方向考量其價值。

一、功能（functional）

一份課程設計好後，應考慮嬰幼兒是否有能力學習？每道學習步驟是否與嬰幼兒的學習速率相配合？

二、意義（meaningful）

現在所學的技能是否為下一階段所必要的？學習了這些技能後，對目前與未來的生活是否有幫助？也即這些技能是否為日常生活必備的能力？

三、年齡配合（age-appropriate）

障礙嬰幼兒也許在某一或某些能力上，與普通嬰幼兒有差距，但不代表所有能力皆落後。因此在課程設計時，其活動內容應儘可能地配合年齡水準。例如訓練一位六歲腦性麻痺的幼兒抓取的動作，總不應還是以奶嘴為標的物，而應找件該幼兒生活社區中，同樣生理年齡普通幼兒常玩的玩具當標的物。如此，幼兒對訓練才能維持興趣，且其心智也才會成長。

四、轉換（transition-issue）

課程本身應具彈性，不論是教學分組或是嬰幼兒安置型態的更動，都應隨時依嬰幼兒的學習成就與發展狀況加以調整。調整的過程，也即嬰幼兒轉換安置型態的過程，應有適當的輔導安排。不可以為只要調整安置型態，嬰幼兒就能適應沒困難。這種觀

念可能會使彈性安置的意義喪失效果，不可不慎重。

五、安置（setting-issue）

　　課程設計應充分考慮嬰幼兒的安置問題，並且密切的配合。家庭安置方式與中心安置方式，資源型態特殊班與自足型態特殊班等不同型態的安置方式，在課程設計的內容就會有不同的考慮重點，故課程設計不應忽視安置的問題。

　　　課程若能顧及這五個方向，再融合一下前面介紹的模式，必能對有特殊需要嬰幼兒產生實質的幫助。

第三節　結論

　　　嬰幼兒階段的特殊教育與小學階段的特殊教育有其共同點，也有其相異處。同為有特殊需要的嬰幼兒和兒童，在其與一般嬰幼兒或兒童的顯著差異上，他們應可說是相同的，但嬰幼兒階段因其年齡小，在安置與課程設計上應有不同於兒童階段的特殊教育，本章針對安置的原則與型態、課程的模式與設計原則，提供理論與實務的介紹。希望讀者能因而興起研究的意願。

討論問題

一、小英今年八月滿兩歲，她為一中度的智能障礙的女孩
　，且有自我傷害的表現（會躺在地上，用後腦勺撞地
　面）。其家長皆為小學未畢業的臨時工。請問小英應
　做何種安置較適當？理由為何？

二，請就近參觀一所幼兒園的特殊班（如無特殊班，普通
　班亦可），分析其 課程模式屬於本章所介紹的那一
　種？並請摘要說明其課程重點。

參考書目

Augrestyn, K. (1993). Functional and developmental models in early childhood special education: A Winning School Combination. Presented at the 1993 Council for Exceptional Children's Annual Convention, Partnerships for Success, April 5–9, 1993, San Antonio, TX.

Bricker, D., & Cripe, J. J. W. (1992). An activity-based approach to early intervention. Baltimore, Maryland: Paul H. Brookes Publishing Co. (P.O. Box 10624)

DEC Recommended Practices: Indecators of quality in programs for infants and young children with special needs and their families. Division for Early Childhood, Council for Exceptional Children.

Lerner, J., Mardell–Czudnowski, C. & Goldenberg, D. (1987). Special education for the early childhood years. Englewood Cliffs, New Jersey: Prentice–Hall, Inc..

Noonan, M. J., & McCormick, L. (1993). Early intervention in natural environments: methods and procedures. Pacific Grove, CA: Brooks/Cole Publishing Co.

Piaget, J. (1971). Biology and knowledge. Chicago: University *of Chicago Press.*

Vagianos, J. A. & Stricklin, S. (1993). Developing options for preschool: A look into the future. Presented at the 1993 Council for Exceptional Children's Annual Convention, Partnerships for Success, April 5–9, 1993, San Antonio, TX.

第8章 親職教育

無論是一般教育或特殊教育都需要家長的參與及共同努力，嬰幼兒特殊教育更是非家長參與不能竟其功。所以嬰幼兒特殊教育的親職教育，應更用心去研究。其理由為：

一、有特殊需要嬰幼兒的家長需要比其他家長投入更多的時間與精力去照顧他們的障礙子女。不管有特殊需要的嬰幼兒是以何種模式安置，他們都需要看護者（雙親）投入較多的時間與精力。任何安置型態，都無法安排專業

人員全天候地為有特殊需要的嬰幼兒服務，祇有看護者有此可能。看護者多數為父母，為了應付這樣的需求，家長或父母就需投入較多的時間與精力去應付此些需求。然而看護者卻非專業人員，所以親職教育不能不重視。

二、家庭可能面臨更多的壓力。這些壓力可能來自長上如公婆，夫妻間如互相抱怨、照顧孩子的時間配合或雙方精神壓力的紓解，親友間如祕方的提供、教養觀念的指責等壓力，常是家長極難處理的問題。親職教育確實是紓解家長心理壓力最有效的活動方式。

三、教養的技巧問題。一般子女的教養問題已經令家長頭痛不已，家中一有了障礙嬰幼兒，有關的教養問題更是家長所迫切希望得到協助的部份，親職教育正可提供這方面的協助。

四、面對障礙子女的個人心理調適。任何人都不容易一下子就坦然面對有障礙子女的事實，總需要一番調適。只是這種調適對家長來說，要他們獨自渡過或克服並不容易，對部份家長來說，甚至可說是不可能。親職教育正是陪同家長渡過心理調適困難的良方。

基於親職教育對上述問題的功能，就不能不重視親職教育，討論親職教育。

第一節　有特殊需要嬰幼兒家長的心理歷程

　　家庭中出現一位有特殊需要的嬰幼兒，對家長是一大挑戰。在面對如此大的衝擊下，家長會有那些心態出現，對一位從事嬰

幼兒特殊教育工作的人員，是件不容忽視的事。通常家長可能有的心理歷程大體上可分為否認（denial）心理階段、認知事實（intellectual awareness）心理階段、面對事實（intellectualand emotional adjustment）心理階段等三層次。

壹、否認心理階段

雖然聽說過收養障礙嬰幼兒或兒童的事，但從未聽說過有那一對夫妻，在太太懷孕時，便寄望能生出一位障礙嬰兒來撫養。當太太懷孕時，那一對夫妻不是抱著滿懷希望，期待能生個健康活潑可愛的嬰兒。當胎兒生下後，家長發現或被告知嬰兒有障礙時，其心情的震撼是可想而知。或是出生後的正常嬰幼兒，突然因意外傷害或疾病後遺症，被告知孩子將會產生障礙現象，同樣會有極大的打擊。此時家長可能出現的心理有：

一、震驚

驚問「這是真的嗎？」「怎麼會這樣呢？」驚嚇與懷疑是家長的第一種反應。

二、斷然否定診斷的結果

認為那是不可能的，自己的嬰幼兒絕不會是障礙兒，一定是醫事人員診斷錯誤。尤其是夫妻倆本身皆無任何障礙時，更是抵死也不肯承認這一事實。他們認為那一定是診斷錯誤，而非事實。

三、假裝從未做過診斷

雖然已有醫事人員告訴過家長，其嬰幼兒有障礙的事實，但家長不承認，故意不當一回事，甚至假裝其嬰幼兒根本未做過診斷，當做未曾有過這樣的一件事。若有人提醒他確曾做過嬰兒的診斷，他可能裝作忘記而一語帶過。

四、為找出原因或治療而不停地四處去做診斷

家長即使同意其嬰幼兒有障礙，但仍認為障礙是一種病症，可經由診斷找出原因並加以治療，且也認為治療能使障礙的現象消除。另一種心態則認為診斷有誤，不足以相信，祇要診斷人員高明些，便會有不同的診斷結果出現，那時就可證明自己的嬰幼兒沒有障礙問題。此兩種心態，都造成家長四處尋找專家，不停地做各種診斷，直到有人告訴他說，你的嬰幼兒沒問題才會罷手。若是無法由診斷取得證明，則可能轉向江湖郎中求助，或用求神問卜方法，尋求神棍的作法解厄。基本上，此類家長是要運用各種方式來證明其嬰幼兒是正常的，以否定其嬰幼兒為障礙兒的事實。家長此種心態實無可厚非，本為人之常情。問題卻在此心態往往使家長被郎中或神棍所欺騙詐財，而造成精神與金錢雙重的損失，到了最後，孩子的現況仍沒有任何改變。甚至可能因錯失了教育的關鍵期，使該嬰幼兒的障礙程度愈形惡化，才是冤枉呢。

五、持續訓練幼兒以證明診斷錯誤

此種心態的家長似乎接受了其嬰幼兒障礙的事實，但事實不

然。他們總認為其嬰幼兒祇是開竅較遲而已，尚沒到「障礙」那麼嚴重的程度。所以認為自己祇要對該嬰幼兒多用點心，勤加訓練，有朝一日，該嬰幼兒一定會開竅的。到那個時候自然就證明嬰幼兒是正常的，診斷是錯誤的。若是家長在訓練過程能掌握嬰幼兒的特殊需要，符合嬰幼兒發展的層次，則其訓練正可協助嬰幼兒發展得較理想，減輕其因障礙而產生的不利影響，那正是教育的目標。惟多數家長本身並非專業的教育人員，其心態亦不在此，所用的訓練方式很可能祇是一種嚴格的機械式訓練。且為了反駁診斷結果，其訓練常是超越嬰幼兒能力的負擔。為了達成效果，家長還可能採取嚴厲體罰，對孩子而言，實可名為折磨或虐待。那對嬰幼兒將是害多利少，如以較嚴重的字眼「折磨」來形容，亦不為過。

處在一個閉鎖的社會，上述心態的出現是極為正常。今日臺灣的社會已是一個多元且開放的社會，人民的知識水準普遍提高了，家長對有障礙兒出生在自己的家中，應是較能接受。祇是每個人在事不關己時，都能說出勸人的一番大道理，然一旦事情發生在自己身上時，能豁達不鑽牛角尖的人似乎不多見。所以仍有相當多的家長停留在此一階段中。瞭解家長此種心態存在的無法避免，並不代表同意家長此心態的存在為正常。若家長長留在此階段，不僅對嬰幼兒的發展不利，家長本身也將受到傷害。故親職教育應儘可能協助家長跨出此階段。

貳、認知事實心理階段

這一階段的家長，已能承認家有障礙嬰幼兒的事實，但卻不

能以坦然正確的態度去面對。所以其認知事實後，便可能出現下列各種心態：

一、憤怒

家有障礙嬰幼兒的父母，看到每對為人父母所生的嬰幼兒都是健康活潑的，再看看自己的障礙嬰幼兒，就忍不住要問何以自己竟生下這樣一位障礙兒？老天未免太不公平了！老天爺怎麼可以如此對待我？終至產生「怨天」的偏激心理，對任何稍不滿意的事，都很容易感到憤怒。常為了一件小事，就會暴跳如雷。個人的人際關係也就變得相當的不良。

二、憂鬱

有人面對不如意的事，是將情緒發洩出來。也有人面對不如意的事，是將情緒積壓在內心裡，造成憂鬱的人格。憤怒是對外發洩，憂鬱則是將家有特殊需要嬰幼兒此種不如意的事積壓在父母親自己的內心。兩種都不是好現象。

三、悲傷

這是對家有障礙兒的另一種心態反應。認為家有障礙嬰幼兒將使自己一輩子都沒有好日子過。所以既對外發洩，也為自己難過。

四、失望

中國人一向都有「望子成龍，望女成鳳」的傳統觀念，如今家有障礙兒，龍鳳皆無望。雖沒有上述心態那麼難過，但仍覺得

失望，除了子女與龍鳳無緣外，甚至感到終身無望。國人所強調的「光宗耀祖」根本不敢也不用想。

五、罪惡

中國人受到釋、道兩家宗教思想的影響極大，多數百姓幾乎都相信輪迴與報應的宗教觀念。而家有障礙兒亦被家長自認為是因果報應的結果。一是祖上缺德，一是自己上輩子做了缺德事或此世早期做了害人的事情，因此遭到報應，家中才會生下障礙兒。不管原因出在那兒，反正皆因報應而來，故自覺得有罪惡感。嚴重時，不僅不讓嬰幼兒丟人現眼，甚至自己都不願意見人。家庭也無法過正常的生活，與一般親友的關係亦逐漸疏遠。

六、抱怨與羞恥

有了上面的罪惡感，跟著就出現羞恥、丟臉的心態。既然生小孩受輪迴與報應的影響，那生下障礙嬰幼兒，不正表示祖先或自己上輩子做了缺德事，所以覺得羞恥與丟臉。此時也可能先生抱怨說「孩子從太太的肚子裡生出來的，一定是因太太的上輩子或祖先缺德，才會如此。」而太太則抱怨說「孩子是姓先生的姓，所以輪迴與報應皆是與先生及其祖先有關。」雖然這只是歸因與推卸責任的心理做法，但這種現象若一直持續下去，有可能造成夫妻離異的結果。

七、責備

雖然不信輪迴與報應的說法，但夫妻之間仍然相互指責，把責任推給對方。先生說「太太的肚子不爭氣，才會生下一個障礙

兒。」太太則說「先生一定在外面亂來，說不定染了什麼病，要
不然怎會生下障礙兒。」互相責備對方，時間一久，也會造成離
婚現象。

　　此階段在心態上，已較上一階段成熟些，因其對嬰幼兒的特
殊狀況已能明確的認知。祇是仍無法以合宜的心態對待該名有特
殊需要的嬰幼兒。若無法突破此種「怨天尤人」的心理，雖說較
前一階段有進步，對有特殊需要的嬰幼兒還是沒多大的幫助。明
知多數家長心態停留在此階段，不易突破，嬰幼兒特殊教育工作
者就更應加緊努力，利用親職教育的功能，使家長早日邁向下一
階段。

參、面對事實心理階段

　　家有障礙嬰幼兒的家長，若能做到這一層次是最理想的境界
。在這一境界中，家長能以正確合宜的心理與態度來面對其障礙
嬰幼兒。家長已不再怨天尤人，而能以理性的態度看待其障礙嬰
幼兒，使其能順性發展。這階段家長已能有下列較正確的心態。

一、建設性的組合時間與精力

　　一個有障礙嬰幼兒，常需家長付出較多的時間，如看病、照
顧等，家長若沒法適當安排，在精力與時間的負荷實是不易承擔
。如何組合時間，以做最有效的運用；如何節省精力，以儲備最
充足的精力，使生活永遠精力充沛。這些都不是容易的事，除了
不再怨天尤人外，也應學習些技巧，才可能達此境界。

二、對嬰幼兒有正確的期望

障礙嬰幼兒雖有障礙，但障礙僅是其部份特質而已，他和任何嬰幼兒一樣，具有和普通嬰幼兒同為嬰幼兒的大多數相同特質。對他（障礙嬰幼兒）仍可有所期望，祇是期望必須合理正確。如何算是正確的期望，因每名障礙嬰幼兒的情況皆不相同，無法有細節的操作定義，惟有做概念性的說明，所謂正確期望，即是期許嬰幼兒做出其能力所能及的表現。不做過高的標準期望，也不做低標準的要求。過高的標準期望會斬傷嬰幼兒的自信心，也會對嬰幼兒產生折磨的壓力。低標準的要求會使嬰幼兒失掉上進心，自甘於低成就。祇有能以正確的期望對待嬰幼兒，他們才可能將潛能充分發揮出來。

三、支持嬰幼兒的方案

經過專業人員與家長合作產生的嬰幼兒個別化教育（或訓練）方案，家長必須能全力支持配合，才可能產生效果。嬰幼兒的教育應是以家長為主體，即使有專業人員的介入，持續的練習仍要家長去做。家長若不支持，再多的專業人員介入也不見得有效果。所以此階段的家長有鑑於此，為了幫助自己的子女充分發揮潛能，必會支持嬰幼兒的訓練或教育方案。

四、合宜的協助與互動

憐憫性的協助對障礙嬰幼兒並無助益，甚至是在進行一種學習機會的剝奪。過份要求獨立作業，在嬰幼兒能力未能及的情況下也不予協助，則又形成一種虐待的現象。這兩種情形對障礙嬰

幼兒的成長都不利。合宜的協助是在嬰幼兒能力可及的範圍下，有足夠的耐心，給嬰幼兒充分的時間去反應，讓他有嘗試與成功的機會。所謂「協助」並非「代勞」，不是替他做，而是在必要之時，拉他一拔，或順勢一推，助他完成該項本身能力可及的工作。互動的型態非常之多，因應每名障礙嬰幼兒的不同需求，應各有其不同的方式。祇是基本原則上應做到不縱容、不苛求，家長慈愛不溺愛，嬰幼兒有安全感卻非懦弱依賴或莽撞不知危險。

　　第三階段是家長最理想的心態，也最不容易達成。要所有的家長皆達此階段，事實並不容易。這就是親職教育之所以需要的理由。這三階段是家有障礙嬰幼兒家長心理成長的階段順序。雖說僅有三個階段，但仍有多數家長無法達到第三階段，甚至長久停留在第一或第二階段中，一直突不破個人的心理困境。要求家長達到第三階段的心理狀態，事實不易辦到，因為家長並非專業人員。要進入第三階段，得有相當的專業知能，心理才能調適得過來。協助家長學得這些健康心理的專業知能，正是親職教育重點之一。

第二節　親職教育的目的與做法

壹、親職教育的目的

　　針對有特殊需要嬰幼兒的家長，親職教育的目的在於增加家長的參與、支持家長的情緒、與家長互換有關的訊息、促進家長

與嬰幼兒間合理的互動等，以求家長早日達到面對事實心理階段，使有特殊需要的嬰幼兒能得到合宜的教育或訓練，家長也能過一般人的生活。

一、增加家長的參與意願

親職教育的主要目的為建立家長教養子女的正確觀念與做法，想要達成此目的，先要家長肯參與親職教育的活動才有可能。而一個活動要能得到大家的認同參與，必得能滿足參與者的個別需求，及引起參與者的興趣，和與參與者生活有高度的相關。所以家長的興趣與需要，是辦理親職教育應掌握的重點。

雖說有技巧的家長在教養子女時，總是比較省時且有效率（Bromwich, 1981）。然而即使是學教育的人，在有第一個小孩時，仍有些不知所措的現象。更不用說多數的家長並不是學教育的，當他們在還沒有準備好當父母時，便有了第一個小孩（White, 1975），其困難更是不問可知。所以親職教育不應僅是提供些觀念，而應是許多有價值技巧的學得。對家有障礙嬰幼兒的家長，學習如何有效與障礙嬰幼兒互動，比其他家長將更迫切需要（Karnes, & Shwedel, 1983; Kelly, 1982; Welsh, & Osum, 1981）。因此，提供有效的教養技巧，協助使家長有成就感是理想的親職教育工作重點（Wiegerink, Hocutt, Posante-Loro, & Bristol, 1980）。

家長的個別需要就如同障礙嬰幼兒的個別需要一樣，有極大的差異。親職教育若不能滿足其個別需要，家長就覺得對其無所助益，而減低其參與的興趣，甚至不願意參加。影響家長需要的條件相當的多，其中較重要者為家庭型態與家庭經濟二者。家庭

型態中，像單親家庭、多代同堂家庭、再婚家庭、家長皆需外出工作的雙薪家庭、家庭因家長工作而需不停遷移居住地點者等等。每種不同的家庭型態，其家長所遭遇到的問題也各不相同，同樣的教養技巧不見得能適用於不同型態的家庭。不同的家庭經濟水準，也會有不同的問題出現。富裕家庭或許什麼都不缺，就是不懂教養心理與技巧；貧困家庭可能欠缺交通工具，欠缺接受復健輔導的費用，送障礙嬰幼兒去看醫生或接受訓練時，其他小孩欠缺看顧等等問題。親職教育的計畫應注意及此，提供這方面的技巧與資訊，在可能的範圍內，協助問題的解決，方能增加家長參與的動機。

二、支持家長的情緒

當一個人面對不如意情境的時候，若祇是短暫時間，他在情緒的控制，與理性的表現上，或許較能掌握合宜的分寸。萬一是經年累月面對一個障礙嬰幼兒，卻又無法改善其障礙現況時，要他能控制個人情緒，永遠表現出理性的行為，確實是太難了。況且家長所面臨的問題，除了面對一個嬰幼兒障礙情況的無助感之外，尚有因嬰幼兒障礙情況而引起的家庭中問題，如夫妻間的婚姻問題、有障礙現象的嬰幼兒與其手足間的相處問題、親友間異樣眼光的社會人際關係問題、家庭因嬰幼兒障礙現象而出現的經濟問題等等所造成的壓力，家長實無法經常保持情緒的穩定。許多擔任過特殊班的教師，相信都能體會出家長需要發洩情緒的心情。因此在親職教育的活動中，應有讓家長自由發洩情緒的機會，使其不致於長期積壓，造成心理的不平衡。

三、與家長互換有關的訊息

　　專業人員有其專業背景智能，但家長卻是最瞭解嬰幼兒的人，專業人員常需從家長處取得相關的訊息，才能做出正確的診斷。而家長也需要從專業人員處取得正確的診斷訊息，才能明確瞭解嬰幼兒的發展狀況，進而依據專業人員的指導，以對嬰幼兒做合宜的要求與訓練。所以家長與專業人員間的關係，應是平等互助，共同合作。彼此之間，應互換有關的訊息，以助嬰幼兒得到最適切的訓練，而有最理想的發展。除了家長提供有關嬰幼兒的各種訊息外，專業人員也應提供給家長下列有關的訊息：教學方法的訓練，測驗分數的說明，有關家庭問題的諮商，社區資源訊息的提供，行為處理的協助，交通問題的訊息，家庭活動的建議，活動材料的建議，同胞手足的訓練，為家庭成員或家長舉辦的會議或研討會等。國內目前有部份家長在將孩子送到學校或托育機構後，因時間的許可，常參與各種的研習或聽專家演講，也能提供特殊教育新知給教師參考，所以訊息互換是多方面的。

四、促進家長與嬰幼兒間合理的互動

　　許多活動的技巧，如親子間的互動，往往說是一回事，到了做時卻又成為另一回事。並非說，祇要學過的技巧就一定會運用自如，他人的示範與自己的揣摩練習也是學習技巧的重要方式之一。透過家長自己對專業人員與嬰幼兒間互動的觀察，家長不僅可瞭解已學得技巧的運用，還能學習到新技巧。這些技巧的學得，自然有助於親子間的合理互動。在親職教育的活動中除了以上目的的安排外，也應針對家長與嬰幼兒間合理互動模式與技巧做

介紹，幫助家長取得這方面的能力，使其與有特殊需要的嬰幼兒間的互動，能達成促進有效溝通的功能。

　　整個親職教育的目的雖說有四項重要的內容，但總歸一句話，不外乎希望幫助家長能成為專業的家長，有能力去面對障礙嬰幼兒的問題，解決因有障礙嬰幼兒而延伸的家庭問題。明白目的後，接下來就要討論有關親職教育的做法。

貳、親職教育的做法

　　依照國情與社會習俗，要想有效推動親職教育，最理想的方法是透過家長會的組織，舉辦各項活動，較容易落實。因此第一要項即為健全家長會的組織。在為障礙兒童組織家長會的初期，通常家長們都不會太熱心的，多數的家長總覺得參與家長會，對自己與孩子皆無什幫助，反倒是出錢補助學校而已。自己家中出現一名障礙嬰幼兒，已經是夠令人煩的事，那有心情再去參加家長會。這在國內，也是一件無法否認的事實，尤其是都市中的學校家長會，此種現象更是明確。這本來也是協助推動教育的一項資源，沒有什麼不好。但對家有障礙嬰幼兒的家長，在其心態還無法適應時，他根本就不想要出現在人多的地方，特別是那些人皆知他有障礙嬰幼兒時，他更不願意參加他們的活動。因此在組織家長會時，相關的準備工作應該周延且細心，除了讓家長感受到被尊重、被關懷外，也要讓家長覺得這個會將對自己與孩子皆有幫助。而最重要也最有效的方法，則為所有從事特殊教育教師能盡心教學，使家長因而心存感激，自然對學校要組成家長會的行動樂意支持。等到家長會組合成功以後，專業人員便有機會從

家長會人員中取得正確的訊息,確實掌握家長的需要,再依此訊息規劃活動的方式與內容。一般可能的活動方式約有家長成長團體、研習或研討會、專家學者的演講會、親子同樂活動等等。

一、家長成長團體

透過家長成長團體,一方面可支持家長情緒,一方面可協助家長學得處理嬰幼兒特殊需要的新技巧。一個人當其覺得正獨自受苦時,其苦更苦,因他覺得普天之下僅他一人受此折磨,太不公平。一旦他發現有人的遭遇與其相同時,心裡就好受多了。這並非存有幸災樂禍的心理,而是不再覺得自己是最可憐、最無辜的人,此時其心理就會比較好過些。在成長團體的活動中,家長們皆有機會分享他人的經驗心得,也有機會瞭解其他家長的困境。在心理方面,家長一則發洩了他個人鬱悶的情緒,另則也將個人經驗提供給其他家長參考,滿足了個人的成就感。再則又因經驗的彼此分享,也可從其他家長處學到處理嬰幼兒問題的有效技巧。故可見家長成長團體對家長實有極大的幫助。

二、研習或研討會

學校或機構為家長舉辦的研習或研討會,通常皆以切合家長需要的教養技巧為主題,做有系統的說明介紹,或是家長們的共同討論會,每人針對問題提出個人的經驗、心得,供他人參考,或請其他家長以客觀的立場提出討論與建議。這可視學校或機構的經費而分為長期或短期,定期或不定期的方式辦理。從民國八十一學年度開始,教育部社會教育司撥專款給師範學院,要求各師範學院特殊教育中心為其輔導區內的特殊兒童家長辦理親職教

育的研習或研討會。這就是一項很重要的推動工作。將可給各學校或機構辦理親職教育的研習或研討會時，提供參考的模式。

三、專家學者的演講會

專家學者的演講會係由專家學者，就其個人專長，向家長介紹實用的教養技巧。此地需要強調一個觀念，所謂專家並不一定要有高學位或高職位的人，有些人在一個工作崗位上，孜孜不倦的做了數年或數十年，其實務經驗正是家長所急切需要的，不要祇迷信高學位與高職位者。需正確瞭解高學位、高職位固有可取，實務經驗也不可多得。安排專家學者的演講會應與家長會商量協調，以家長的需要為第一優先，依家長的需要邀請該方面專長的專家學者擔任主講者，若每次都能顧及此要素，則專家學者的演講會沒有理由不成功的。

四、親子同樂活動

許多家長對於親子間的活動，常感到有心無力，不知該如何安排與自己的嬰幼兒共同活動。所以學校、機構或專業人員應協助家長多安排些親子活動，使家長學會些活動模式，自能產生親子間有效的互動。民國七十九學年、八十學年，台北市立師範學院附設實驗國民小學的輔導室與特殊班教師，利用校慶表演的機會，讓小學特殊班與幼兒特殊班的家長及其小孩搭對，在大會中對全校師生及來賓表演土風舞，相當成功，頗獲好評。唯一可惜的是，所有參加的家長皆為女性。中國傳統觀念，總認為教養子女是母親的責任，這是親職教育中應特別努力的部份，要讓父親知道，子女的教養是父母的共同責任，祇有父母雙親共同努力，

嬰幼兒的教養才能達成真正的效果。

利用學校的校外教學活動，邀請家長一起參加，一方面可得家長協助學校教師人手不足，幫忙照顧嬰幼兒的活動與安全；一方面又可讓家長有機會學到與嬰幼兒共處、郊遊的親子活動機會。此種活動的辦理可謂一舉兩得，在家長時間許可的情況下，應會得到家長的支持。

親職教育可辦理的活動不在少數，本節僅就其較大的活動：家長成長團體、研習或研討會、專家學者的演講會、親子同樂活動稍加說明。希望能讓從事嬰幼兒特殊教育工作的有心者當為參考資料。

第三節　結論

為人父母者，在面對家有特殊需要的嬰幼兒時，常需面對來自個人觀念、社會觀念、家庭經濟、教養問題等的壓力。從滿懷希望到失望，又進到能以正確的心態去面對有特殊需求的嬰幼兒，這段心路歷程，家長確實是走得很辛苦。親職教育就是要協助家長在這條路上不孤單，有能力能應付路上的各種荊棘困難，早日達到以正確的態度面對自己家中那位有特殊需要的嬰幼兒。本章因而就家長的心路歷程及親職教育的目的與方法做一介紹，提供些參考資訊。

討論問題

一、小英的媽媽每次到幼兒園，碰到小英的老師時，總是
　　說：「昨天小英去看張醫師，張醫師說小英的能力不
　　錯。」而每次所提的醫師都是不同的人。面對一個智
　　能障礙幼兒母親如此的表現，您有何看法？又將如何
　　與之交談？

二、當學校舉辦親子同樂活動，部份家長只願當觀眾，而
　　不願直接參與活動時，您的看法如何？又將會採取何
　　種行動？

參考書目

Bromwich, R. (1981). *Working with parents and infants. Baltimore : University Park Press.*

Karnes, M., & Shwedel, A. (1983). *"Assessment of preschool giftedness," in K. Paget, & B, Bracken (Eds.), Psychoeduca tional Assessment of Preschool Children. NY: Grune and stratton.*

Kelly, J. (1982). *"Eddects of intervention on caregiver-infant interaction when the infant is handicapped." Journal of the Division for Early Childhood, 5, 53–64.*

Welsh, M., & Odum, C. (1981). *"Parent involvement in the education of the handicapped child: A review of the literature." Journal of the Division for Early Childhood, 3, 15–25.*

White, B. (1975). *The first three years of life. Englewood Cliffs, NJ: Prentice–Hall.*

Weigerink, R., Hocutt, A., Posante–Loro, R., & Bristol, M. (1980). *"Parent involvement in the early education programs for handicapped children." New Directions for Exceptional Children, 1, 67–86.*

第9章 我國嬰幼兒特殊教育發展之建議

即使特殊教育發展普遍有如美國者,其嬰幼兒特殊教育的發展也是近年的事,尤其嬰兒特殊教育更是起步中。惟也不能因此就認為國內的嬰幼兒特殊教育可以慢慢來,不用急著發展。所應重視的觀念是嬰幼兒特殊教育是否必要,從前面章節的討論,這點已無庸置疑。故本章願就國內嬰幼兒特殊教育的發展,依教育行政單位、社會行政單位、衛生行政單位、師範院校等各自的權責,提出若干可行的建議,供相關的單位參考。

壹、教育行政單位

　　主題既然是嬰幼兒特殊教育，則第一個相關的單位自是教育
行政機關。依國內的行政體系，特殊教育的主管單位為教育行政
機關。雖說幼兒教育並未列入義務教育範疇內，嬰兒教育更是不
在任何教育法令的教育對象範疇內，但是一談到教育，則仍以教
育行政單位為最先考慮的責任單位。故先就此行政相關的業務，
提出獎勵嬰幼兒特殊教育之研究、師資培訓、設校設班等可行的
對策供參酌。

一、獎勵嬰幼兒特殊教育之研究

　　過去對特殊教育的發展偏重在義務階段，本是發展過程所不
可免的正常現象。然就特殊教育的效果與趨勢，今後的重點將會
逐漸加強學齡前嬰幼兒階段的特殊教育發展與研究，這可從美國
特殊教育的發展演進過程與趨勢看出。雖說美國在嬰幼兒特殊教
育的發展，已有許多現成的規模可供國內推展時當為借鏡，但中
、美兩國的社會、文化背景仍有相當的差異存在，在美國被視為
良好的制度、模式，不見得在中國也能成為有效的制度、模式。
因此在國內推動嬰幼兒特殊教育的初期，本身仍應有符合自己國
情的研究做為理論基礎。教育行政單位正是帶動此研究的責任單
位，尤其是教育部，更是責無旁貸。獎勵本即為引發行動的最好
方法。因此建議教育部儘速訂定嬰幼兒特殊教育研究獎勵辦法，
以明確的原則，可行的辦法，鼓勵學者、專家、嬰幼兒特殊教育
工作者或有興趣者從事嬰幼兒特殊教育的研究，藉以造成風氣，

自會得出甚多實際可行的教材、教法、教具、診斷工具、安置型態。屆時推動嬰幼兒特殊教育將是輕而易舉的事。教育部教育計畫委員會於民國八十二學年度已擬定一項「學齡前特殊兒童通報、篩檢及安置模式試驗工作計畫」，希望在行政上結合衛生醫療、社政及教育機構，共同發展以鄉鎮區為單位之學齡前特殊兒童通報、篩檢及安置之可行模式；和蒐集三至五歲學前特殊兒童個案，建立通報資料，提供適當之療育指導，並做為增班之參考。這一計畫雖僅針對三至五歲的幼兒，但相信祇要做出成績來，自會接著推展嬰兒階段的特殊教育工作。

二、責成師資培訓

　　觀之國內外教育發展的情況，得一不易的事實，要想教育成功，優良教師不可或缺。同樣嬰幼兒特殊教育的推動，人才的培訓為第一要務。民國五十年代末期，國內推動智能障礙兒童教育，當時臺灣省政府教育廳與聯合國教育科學文化組織合作推動國民小學智能障礙兒童教育五年計畫。該計畫確實高明，採取先培訓師資的方式，等師資培訓完成，再要求受訓人員回到各該縣市去開辦啟智班。後來推動其它教育發展的計畫，總不易再見到此種有魄力的行動，也許因為社會變動快速，要求自然多，教育行政單位的做法常被認為跟不上社會進步的脈動，成為被動的追隨者。在嬰幼兒特殊教育的推動，希望教育行政單位不再是個追隨者，而能成為帶動者。欲有此現象，除前項獎勵嬰幼兒特殊教育研究外，儘速培訓師資自成關鍵因素。國內嬰幼兒特殊教育師資培訓，如仍採一元化的方式，則由教育部直接要求各師範院校成立嬰幼兒特殊教育學系或組，及在已有的系組中加強嬰幼兒特殊

教育方面的專業師資，應為最簡易可行的方法。即使因「師資培育法」的公布，嬰幼兒特殊教育師資培訓也應是在合格的嬰幼兒教育師資中再選訓人員。因此亦可責成各師範院校的特殊教育學系或幼兒教育學系辦理嬰幼兒特殊教育師資訓練班，以便培育足量的師資。當足量的師資培訓完成，亦將是嬰幼兒特殊教育推動成果可拭目以待的時候。

三、設校設班

　　由教育行政單位推動嬰幼兒特殊教育，最方便之處即在教育行政單位可以直接在年度預算中，編列經費做為設校設班的安排。不過，因各縣市地方政府財政經費的懸殊，造成部份地方政府有心無力，教育部可考慮比照美國聯邦政府以專款補助的方式，對那些有心無力的地方政府給予直接的支援。談到設校設班之事，或許會引起部份特殊教育界人士的異議。因為某些特殊教育的理論認為應將特殊兒童安排在普通班級上課，這種統合教育觀念（inclusion）深受國內部份特殊教育界人士的支持。但觀之它在美國的發展，仍然爭議極多。以美國條件之優厚：班級學生數少、經費充足、人員編制多、教材也齊全，在推動統合教育時尚遭遇阻力。國內義務教育的條件比之美國仍有段距離，若盲目的跟進，恐怕產生的爭議將更厲害。事實上將有特殊需要的兒童安置在普通班上課，立意良好，但若不考慮兒童的學習功能及普通兒童的受教權，則不僅普通兒童的學習機會受到干擾，有特殊需要的兒童也將未蒙其利，先受其害。以此理看待有特殊需要的嬰幼兒，則依嬰幼兒的學習功能，考慮安置型態便無庸爭議。這在討論嬰幼兒特殊教育的安置型態時，已有詳細說明。因此，各種不

同的安置型態皆有其意義，也皆不可少，然此處因係對教育行政單位的建議，故僅提出設校設班的方式。所謂設校即專為有特殊需要的嬰幼兒設立特殊嬰幼兒園，或於特殊國民小學增設嬰幼兒園班級。設班則為在一般國民小學附設幼兒園裡附設嬰幼兒特殊班，或一般獨立幼兒園增設嬰幼兒特殊班。

貳、社會行政單位

嬰幼兒特殊教育的推動，不可能獨木支撐，它需各相關單位的合作努力，才能竟全功。社會行政單位在嬰幼兒特殊教育的推動，亦有其必要的責任。如喚起社會對嬰幼兒特殊教育的重視與建立正確社會觀念、對環境不利嬰幼兒的家庭進行協助、對需要相關服務的嬰幼兒給予協助、加強殘障福利中的嬰幼兒福利、加強障礙嬰幼兒的托育與教養等皆社會行政單位可以著力的方面。

一、喚起社會對嬰幼兒特殊教育的重視，與建立正確社會觀念

在民國五十年代末期，政府推動智能障礙兒童教育時，家長無法面對家有智能障礙兒童的心態，使當時的智能障礙兒童教育產生極大困難。啟智班招不到學生，教師到學生家庭訪視時，常遭到家長的惡容惡言相向。固然其間的因素相當多，但社會不能接納有障礙的兒童是最主要的原因。今日社會雖已經不同於五十年代末期，但因對象年齡降低至嬰幼兒階段，在家長正對其子女的未來充滿憧憬時，要其接受子女有障礙或特殊需要的事實，未嘗不是一大打擊。除了應運用各種方案協助家長克服心理障礙，

以正確的態度面對現實外，亦應由社會行政單位運用各種社會教
育的機會和技巧，教導社會大眾認識有特殊需要的嬰幼兒，喚起
大眾對嬰幼兒特殊教育的重視。社會大眾的瞭解和重視才是家長
最大的支持力量。才能促使家長以正確的態度面對自家有特殊需
要的嬰幼兒。

二、對環境不利嬰幼兒的家庭進行協助

　　環境不利嬰幼兒雖不一定成為障礙嬰幼兒，但卻有極大的可
能會成為障礙嬰幼兒。這從前面討論嬰幼兒特殊教育的歷史發展
與影響的理論時，皆已提過。美國政府在這方面的努力已可從文
獻中看到，國內過去限於政府財力，針對此所做的實在相當少。
今後在政府財力許可的情況下，自應加緊努力。以往對環境不利
（專指低社會經濟水準）的家庭，曾運用所謂貧民救濟金，協助
其過最低的生活水準。這種方式對努力追求生活水準的家庭，或
許確能改善其生活情況。但對部份生性懶惰，且又有不良行為習
慣（如酗酒、賭博）者，此種資助反祇幫助其個人多了本錢，去
滿足個人的不良嗜好，對其家庭環境沒有任何好處。較理想協助
環境不利嬰幼兒家庭的方式，應是給予資助的同時，也要求或限
制其金錢的使用，必要對家庭及嬰幼兒有所幫助才行。這條件在
執行時，自有困難處，惟它實是應努力克服實現的重點。

　　另有種環境不利的情況則在於教養不當或文化刺激不足。低
社會經濟水準可用金錢來解決，但若是教養不當或文化刺激不足
的環境不利，則給再多的金錢也不見得有用。教養不當或文化刺
激不足環境不利家庭並不一定是經濟不佳的家庭，只是這些家長
不懂得適當的教養子女，給予文化刺激的方法，或不願對子女的

教養付出關心。如家長為不懂教養方法的情況，謝東閔氏在擔任臺灣省政府主席時，所提倡的「媽媽教室」可加以修正運用，像改為「雙親教室」，把對象擴及父親，內容也以子女的教養為主，應是可行之策。若家長為不願對子女教養付出關心型，則以設置美國Head Start模式之育嬰托兒中心，對這些嬰幼兒提供合宜的文化刺激及適切的教養方法。讓因環境不利條件的影響效果降至最低，使每位嬰幼兒成長後，皆能充分發揮其能力，促進社會和諧，人類進步。

三、對需要相關服務的嬰幼兒給予協助

有特殊需要的嬰幼兒需求相關服務的情形，極為普遍，但其家長卻常有求助無門的感覺。最普遍的相關服務，以輔助器材的需求最多，如輪椅、助聽器、義肢、重度弱視眼鏡等等。對有能力購買的家庭提供有關資訊，協助採購適宜的輔助器材。部份無力購買輔助器材的家庭，社會行政單位應利用社會福利金，協助其購買必要的輔助器材。此將實質地幫助嬰幼兒潛能的充分發揮。資訊提供與社會福利金申請手續，應設法讓一般民眾皆知，或許這樣的要求有其實行上的困難，但最少可透過村里幹事的訓練，使他們都知道。當他們碰上所服務的村里民，有這方面需要時，就能做適當的轉介或協助。當然，村里幹事的業務確實極多又雜，然此份工作並不要他們去記法令規章，而是要他們知道有此規定，並在其辦公室存有資料，必要時可找出提供給家長即可。

四、加強殘障福利法中的嬰幼兒福利部份，加強障礙嬰幼兒的托育與教養

　　曾一士氏（民81）曾提出「國民教育及學前特殊教育學生鑑定、安置、輔導工作計畫」乙案，案中建議實驗三至五歲學前特殊幼兒之安置與輔導模式。曾氏參與教育部核定之「發展與改進特殊教育五年計畫」的全程工作，其所提建議仍只實驗三至五歲學前特殊幼兒之安置與輔導模式，可見國內教育行政單位對嬰幼兒特殊教育的推動仍然有力有未逮的現象。若強要教育行政單位負起全部嬰幼兒特殊教育的推動責任，恐怕在目前的法令下仍有困難，在工作推展上也有實質的問題存在，將不易達成效果。故非幼稚教育法規範的零到三足歲前有特殊需要嬰幼兒的特殊教育問題，目前的權責單位還是社會行政單位。要設置障礙嬰幼兒的托育教養中心，及與衛生行政單位合作，在醫院設置醫療中心，以便充分發揮嬰幼兒特殊教育的功效，將是社會行政單位義不容辭的工作。嬰幼兒若有明顯障礙，家庭長期負荷確實很重，若能對中、重度障礙嬰幼兒施以適當型態的安置，於家長、嬰幼兒皆有幫助。基於減少社會問題，社會行政單位不僅是責無旁貸，且應趕緊辦理才合宜。

參、衛生行政單位

　　有特殊需要的嬰幼兒中，部份是生理條件不利，這些嬰幼兒特別需要衛生行政單位的幫助，祇有衛生行政單位所屬醫療機構的醫療設備與工作，才能免除他們成為障礙嬰幼兒，或減輕他們的障礙程度及痛苦。實施新生嬰兒全面健康檢查、成立嬰幼兒障礙通報系統、對有特殊需要嬰幼兒的醫療服務等皆為衛生行政單位所能盡力的部份。

一、實施新生嬰兒全面健康檢查

　　有些生理疾病，若能及早發現，及早治療，它們常能因而治癒。即使無法治癒，也可能使之不再惡化或減輕該生理疾病對發展的影響力。若是衛生行政單位能要求所有助產的婦產醫院、或助產院所，皆負起新生嬰兒全面健康檢查的責任，同時，由衛生行政單位建立完整資料檔案，就如同國內的戶籍資料一樣。有了這樣完整資料以後，衛生行政單位才能針對需要醫療服務的嬰幼兒，提出醫療服務工作計畫，也能將因健康檢查所得有特殊需求嬰幼兒的資料，依其性質提供給社會行政單位，做福利方面的協助，或提供給教育行政單位做教育服務規劃。

二、成立嬰幼兒障礙通報系統

　　生理不利條件與障礙現象的產生，並不一定都發生在生產前或生產過程中，有不少案例發生的時間是在出生後的發展過程中。而這些生理不利條件與障礙現象的最早發現者，通常都是醫生。若在衛生行政單位內建立嬰幼兒障礙通報系統中心，則對這些資訊的取得與控制將較方便。中心的工作人員應有教育與社會行政單位的人員參與，如此工作方能取得三單位的互相配合，以滿足嬰幼兒特殊的需求。譬如，當一名嬰幼兒有了障礙現象，通報系統中心即根據初診單位的意見，送社會行政單位安排相關服務，送教育行政單位安排教育安置。這樣做法，才能真正對嬰幼兒的特殊需求做最適切的處理，而嬰幼兒特殊教育的規劃才能掌握正確量與質的控制。若有此通報系統，則除了有特殊需要新生兒的掌握外，也不會遺漏掉任何在發展過程中出現問題的嬰幼兒，

嬰幼兒特殊教育的推展才能真正落實。

三、對嬰幼兒有特殊需要者的醫療服務

有特殊需求的嬰幼兒不乏要有長期或短期醫療服務者，他們的家庭不一定都有能力負荷其費用，衛生行政單位應與社會行政單位結合，運用社會福利金幫助他們解決醫療的經費困難。

肆、師範院校

在師資培育政策尚未多元化之前，義務教育階段的師資與輔導皆由師範院校負責。師資與輔導在嬰幼兒特殊教育裡，是一項足以影響效果的重要工作，故特提出單獨討論之。即使在民國八十四學年度開始，師資培育多元化後，國民中小學及幼兒園除接受教育行政單位的督導外，協助學校解決各項教學困難或問題的輔導單位仍應保有。此處所稱師範院校即為未來的輔導單位。而師範院校的工作重點有成立嬰幼兒特殊教育學系培訓嬰幼兒特殊教育師資、成立嬰幼兒特殊教育輔導組織或單位、編輯嬰幼兒特殊教育教材、發展嬰幼兒診斷工具等四項。

一、成立嬰幼兒特殊教育學系培訓嬰幼兒特殊教育師資

師資重要已是人盡皆知，無庸贅言的事。國內師範院校中培育嬰幼兒特殊教育師資者，有台北市立師範學院的幼兒教育學系在民國七十九學年成立幼兒教育學系後，即設有幼兒特殊教育組，並有學生選讀。其它八所師範學院在民國八十一學年也皆成立幼兒教育學系，教育部在課程中規定特殊幼兒教育為必修外，是

否設立幼兒特殊教育組則各師院自行決定。另外台北市立師院在民國七十六年時由特殊教育學系，利用夜間辦理兩班幼兒特殊教育師資訓練班，及在民國八十三年三月又開辦一班幼兒啟智師訓班，供台北市國民小學附設幼兒園及獨立的公立幼兒園合格教師，進修嬰幼兒特殊教育。因此提出此項建議倒非說一定要成立此系才行，若是像台北市立師範學院一樣，在幼兒教育學系成立嬰幼兒特殊教育組，或在特殊教育學系成立嬰幼兒特殊教育組，都是可行的方法。但總得有個專門培育嬰幼兒特殊教育師資的單位，將來才不慮嬰幼兒特殊教育師資匱乏。惟在此地要特別強調的是，成立嬰幼兒特殊教育學系或組較容易，系裡要有充足的優秀專業師資就非容易之事。希望各師範學院能在成立之前，先行培育系組的師資，方能有助於未來嬰幼兒特殊教育的推動。

二、成立嬰幼兒特殊教育輔導組織或單位

現今國內各地的嬰幼兒特殊教育班級數還相當有限，在各師範學院正式設置獨立的輔導單位或組織，似乎並不是那麼急迫。然對各已設置的嬰幼兒特殊教育班的輔導又不能沒有，依現在的情形，應可利用各師範學院皆有的特殊教育中心或兒童實驗中心，增加嬰幼兒特殊教育組，由之負起輔導的責任。各地嬰幼兒特殊教育班，正因為班級成立不多，互相討論觀摩的機會自然有限。當教師們遭遇困難時，師範學院輔導單位的輔導就成為他們的希望。教育部應協助各師範學院儘早成立嬰幼兒特殊教育輔導組。

三、編輯嬰幼兒特殊教育教材

嬰幼兒階段的特殊教育教材本就應依嬰幼兒發展的功能水準去設計。但國內對師資培育，並不重視課程設計的訓練。所有從事特殊教育工作的教師，最感困難的工作即為發展教材。師範學院的輔導單位如何發展嬰幼兒特殊教育中，各個不同領域的編序教材，供教師們選用，將是重要的工作項目。筆者在民國八十學年度接受教育局的委託，帶領台北市幼兒智能障礙班的教師共同合作，編寫一份嬰幼兒大動作教材，從零歲到六足歲皆包含在內。當時採用的方式，利用每週三下午教師進修活動的時間，教師們公假集中討論發展這份教材。教師們先各自分段編寫，編寫完後再集中討論定稿。在集中討論之前，教師尚就個人編寫的教材，尋找適當的對象進行試教，再依試教結果，修改內容與活動。此一模式，或許可供有心從事者當為參考。

四、發展嬰幼兒診斷工具

診斷是瞭解嬰幼兒的方法，不做診斷就不可能完全瞭解嬰幼兒，不瞭解嬰幼兒，又怎可能有適當的安置與教學？要做診斷就不能沒有工具，即使是觀察，也要有檢核表，檢核表亦為一種工具。國內目前真找不到幾份理想合宜的嬰幼兒診斷工具，積極發展嬰幼兒診斷工具應為推動嬰幼兒特殊教育的重點工作之一。師範學院有人有才，教育部有權有錢，由教育部來鼓勵帶動，由師範學院來發展，相信不久的將來，從事嬰幼兒特殊教育的工作者，不會再像現在一樣地抱怨，沒有診斷工具可用。

嬰幼兒特殊教育已不是討論該不該的問題，而是討論應如何

做的時候。本章僅就教育行政、衛生行政、社會行政及師範院校等四部門，提供些較具體方向的意見，目的在於希望能早日看到嬰幼兒特殊教育發展茁壯，使國內有特殊需要的嬰幼兒及其家庭皆能得到合宜的協助，減少社會問題，也提昇國民的生活品質。

討論問題

一、試以不同的角度（家長、社會行政單位、衛生行政單位、教育行政單位），提出一份推展嬰幼兒特殊教育的規劃。

二、通觀全書，您對嬰幼兒特殊教育有何意見？

參考書目

曾一士　我國特殊教育的發展與規劃　中華民國特殊教育年刊　民國八十一年十二月

國家圖書館出版品預行編目資料

嬰幼兒特殊教育／柯平順作；--二版.--
臺北市：心理，1997（民 86）
面；　公分.--（幼兒教育；23）
含參考書目
ISBN 978-957-702-228-8（平裝）

1.特殊教育

529.6　　　　　　　　　　86007098

幼兒教育23　　**嬰幼兒特殊教育**

作　　者：柯平順
總 編 輯：林敬堯
發 行 人：洪有義
出 版 者：心理出版社股份有限公司
社　　址：台北市和平東路一段 180 號 7 樓
總　　機：(02) 23671490　　傳　　真：(02) 23671457
郵　　撥：19293172　心理出版社股份有限公司
電子信箱：psychoco@ms15.hinet.net
網　　址：www.psy.com.tw
駐美代表：Lisa Wu　　tel: 973 546-5845　　fax: 973 546-7651
登 記 證：局版北市業字第 1372 號
印 刷 者：玖進印刷有限公司
初版一刷：1995 年 2 月
二版一刷：1996 年 4 月
二版九刷：2009 年 3 月

定價：新台幣 250 元　　■有著作權‧侵害必究■
ISBN 978-957-702-228-8

讀者意見回函卡

No. _____　　　　　　　　　填寫日期：　年　月　日

感謝您購買本公司出版品。為提升我們的服務品質，請惠填以下資料寄回本社【或傳真(02)2367-1457】提供我們出書、修訂及辦活動之參考。您將不定期收到本公司最新出版及活動訊息。謝謝您！

姓名：_____　性別：1□男　2□女

職業：1□教師 2□學生 3□上班族 4□家庭主婦 5□自由業 6□其他____

學歷：1□博士 2□碩士 3□大學 4□專科 5□高中 6□國中 7□國中以下

服務單位：_____　部門：_____　職稱：_____

服務地址：_____　電話：_____　傳真：_____

住家地址：_____　電話：_____　傳真：_____

電子郵件地址：_____

書名：_____

一、您認為本書的優點：（可複選）

　❶□內容 ❷□文筆 ❸□校對 ❹□編排 ❺□封面 ❻□其他____

二、您認為本書需再加強的地方：（可複選）

　❶□內容 ❷□文筆 ❸□校對 ❹□編排 ❺□封面 ❻□其他____

三、您購買本書的消息來源：（請單選）

　❶□本公司 ❷□逛書局⇒_____書局 ❸□老師或親友介紹

　❹□書展⇒____書展 ❺□心理心雜誌 ❻□書評 ❼其他_____

四、您希望我們舉辦何種活動：（可複選）

　❶□作者演講 ❷□研習會 ❸□研討會 ❹□書展 ❺□其他____

五、您購買本書的原因：（可複選）

　❶□對主題感興趣 ❷□上課教材⇒課程名稱_____

　❸□舉辦活動 ❹□其他_____　　　（請翻頁繼續）

廣 告 回 信
台 北 郵 局 登 記 證
台 北 廣 字 第 940 號

（免貼郵票）

 心理出版社 股份有限公司

台北市 106 和平東路一段 180 號 7 樓

TEL: (02) 2367-1490
FAX: (02) 2367-1457
EMAIL:psychoco@ms15.hinet.net

沿線對折訂好後寄回

六、您希望我們多出版何種類型的書籍

❶□心理 ❷□輔導 ❸□教育 ❹□社工 ❺□測驗 ❻□其他

七、如果您是老師,是否有撰寫教科書的計劃:□有□無

　　書名／課程: _____

八、您教授／修習的課程:

上學期: _____

下學期: _____

進修班: _____

暑　假: _____

寒　假: _____

學分班: _____

九、您的其他意見

_____

謝謝您的指教!　　　　　　　　　　　　　　　51023